마흔의

시
간

마흔의 시간

시간

이수진 지음

나이답게 말고
나답게 살자

일인일북

변화는
자신이 아닌 사람이 되고자
노력할 때가 아니라
있는 그대로의 자신이 되고자
노력할 때 일어난다.

- 아놀드 바이서 -

더 큰 꿈을 꾸고
더 크게 성장하는
마흔의 시간

어릴 적 읽은 공주와 왕자의 동화는 거의 이렇게 끝을 맺는다.

'그리고 그들은 영원히 행복하게 살았습니다.'

모험으로 가득했던 공주와 왕자의 인생 이야기는 성대한 결혼식
과 함께 끝난다. 결혼은 그들 여정의 종착지였고, 흥미진진한 서사
의 해피엔딩을 의미했다. 난 이런 식의 결말이 도무지 마음에 들지

않았다. 더 이상의 모험도, 흥미진진한 서사도 없는 삶이 지루한 천국처럼 느껴졌기 때문이다. 삶을 어떻게 '그리고 그들은 영원히 행복하게 살았습니다'라는 짧은 한 줄로 요약할 수 있단 말인가?

동화의 뒷이야기가 늘 궁금했다. '공주와 왕자는 정말 행복하게 잘 살았을까?' '성에서 사는 게 답답하진 않았을까?' '그러다 어느 날 다시 모험을 떠나고 싶어지면 어떡하지?'

하지만 질문은 오래가지 않았다. 동화가 아닌 현실에선 그런 쓸데없는 궁금증을 품고 사는 게 별 도움이 되지 않는다는 걸 이내 깨달았기 때문이다. 그리고 살다 보면 차라리 모르는 게 나은 일도 제법 많다는 것도 알았다.

질문 없는 삶은 편했다. 동화의 시나리오대로 순조롭게 흘러가는 듯했다. 입시와 취업이라는 모험과 고난을 통과했고, 동화 속 공주와 왕자처럼 성대한 결혼식도 올렸다. 이제 남은 건 '그리고 그들은 영원히 행복하게 살았습니다'로 끝나는 해피엔딩인 걸까?

그토록 궁금했던 동화의 진짜 뒷이야기가 시작되었다. 오래전 품었던 '쓸데없는 궁금증'이 하나둘씩 풀렸다. 결혼은 시련과 고난으로 가득한 진짜 인생 이야기의 화려한 서막일 뿐 모험의 종착지도, 인생의 해피엔딩도 아니었다. 진짜 이야기 속의 삶은 내가 선택한 삶에 대한 책임을 스스로 짊어지는 법을 배워가는 시간이었다.

'행복한 가정은 모두 모습이 비슷하고, 불행한 가정은 저마다 나름의 이유로 불행하다'라는 레프 톨스토이의 『안나 카레니나』 첫 문장처럼, 지금은 불행 속을 걷고 있지만 이 길의 끝에는 다른 이들과 비슷한 모습의 행복이 기다리고 있을 거라 믿으며 30대의 시간을 지나왔다. 마흔쯤이면 '그리고 그들은 영원히 행복하게 살았습니다'로 끝나는 동화 같은 해피엔딩을 맞을지도 모른다고 기대하며.

그러나 힘겹게 도착한 마흔의 삶은 상상과는 전혀 달랐다. 마흔이란 나이는 여전히 흔들렸다. 해피엔딩은커녕 막다른 골목에 막힌 채 나아가지도 멈춰 서지도 못하고 발만 동동 구르며 애태우는 나날이었다.

'나는 누구인가?'
'무엇을 위해 살아야 할까?'
'어떻게 다시 시작해야 할까?'

워커홀릭, 육아홀릭, 성장홀릭의 시간을 지나 마침내 나를 찾는 여정을 시작하기까지, 인생 질문과 함께 찾아온 번아웃을 극복하며 내 삶의 진정한 의미와 목적을 발견하기까지, 지속 가능하고 지속 성장하는 삶을 향해 인생의 두 번째 챕터를 과감히 펼치기까지 마흔의 고민, 마흔의 방황, 마흔의 성장 여정을 담았다.

한 생명을 키워내는 일의 중대함과 내 성장, 발전도 놓칠 수 없다는 절박함 속에서 오늘도 자기 몫의 삶에 최선을 다하는 워킹맘 동료, 친구, 후배들. 세상의 기대치에 부응하느라 또 끝없이 나를 증명하느라 애쓰다 지친 선량한 완벽주의자들. 타인의 인생을 사느라 소중한 나의 오늘을 소진하고 정작 진정한 소망과 바람이 무엇인지도 모른 채 살아가는 삶의 모범생들. 책임과 의무 사이에서 이러지도 저러지도 못한 채 흔들리고 방황하는 마흔의 청춘들. 꼭 나 같은 우리를 생각하며 이 책을 썼다.

나다움으로 나답게, 지속 성장하는 삶의 모습을 찾아가는 여정에 함께할 당신이 이 여정의 끝에서 더 큰 꿈을 꾸고, 더 크게 성장하고, 더 나은 삶을 향한 성장 원동력을 발견하길 바란다.

과거-현재-미래의 나와 조우하고 화해하는 과정은 가슴 깊이 묻어둔 상처를 드러내고 단단히 뭉친 응어리를 풀어내야 하기에 아프고 힘들 테지만, 진정한 치유와 회복 그리고 지속 가능한 성장을 위한 마중물이 될 거라 확신한다.

지극히 개인적인 나의 인생 이야기가 마흔의 시간을 살아가는 당신 삶의 어떤 부분과 맞닿아 이해와 공감, 위로와 용기가 될 수 있길 바란다. 그리하여 당신의 진짜 인생 이야기를 시작하고 두 번째, 세 번째 챕터를 계속해서 펼쳐 나가며 '그리고 그들은 영원히 행복하게 살았습니다'로 해피엔딩을 맞길 응원한다.

2024년 5월

이수진

2장 일, 육아, 성장에서 프로가 되는 마흔

3장　마흔의 성공에 이르는 나만의 비법

4장　지친 삶이 보내는 신호를 알아차려라

5장 위기 극복을 위한 지속 가능 일상 루틴

6장 지속 성장하는
삶의 미래를 그리다

7장 마흔에 잠시 멈춤, 그리고 내디딘 한 발

1장

마흔에 찾아온
인생의
두 번째 챕터

○ 나를 찾는 여정이 시작된 순간에 대하여

이야기를 어디서부터 어떻게 시작해야 할까? '삶은 무의식의 자기 실현 이야기'라는 카를 융의 말처럼, 행복하고 충만한 삶을 향한 내 안의 욕구를 알아차리고 '나는 누구인가?' '무엇을 위해 살아야 할까?' '어떻게 다시 시작해야 할까?'라는 인생 질문의 답을 찾으며 나를 찾는 여정은 시작되었다.

탐색과 분투의 시간을 지나 실존적 공허를 극복하고 삶의 진정한 의미와 목적을 발견하기까지, 그리고 마침내 인생의 두 번째 챕터를 과감히 펼치기까지의 여정이 이 책의 전부다.

그렇다면 이야기의 시작은 나를 찾는 여정이 시작된 그날, 그 순간이 되어야 하리라. 어쩌면 처음부터, 그러니까 글을 쓰기 훨씬 전부터 내 이야기의 시작은 그날, 그 순간이 되어야 한다고 마음먹고 있었는지도 모르겠다. 인생의 우회로를 돌고 돌아 지금에 이르러 보니 인생의 수많은 선택과 결단은 처음부터 내 안에 있었던 것이다.

타인의 시선에 짓눌리고 자기 검열에 갇혀 알아차리지 못했을 뿐, 나를 찾는 여정은 오랜 시간 무심하고 무지했던 내 마음의 소리에 귀 기울이며 비로소 시작되었는지도 모른다.

지금부터 내가 하려는 이야기는 지극히 평범한 어느 마흔 인생에 찾아든 혹은 발견한 삶의 비범하고 위대한 순간에 대한 것이다. 매일 반복되는 일상에 묻혀 그동안 발견하지 못한 내 안의 깊고 단단한 무엇인가가 마치 보이지 않는 손처럼 내 삶을 이끌어가고 있다는 걸 느낀 순간이다.

이를테면 운명의 자각 혹은 각성의 순간 같은 것인데, 그게 무엇이든 또 무엇이라 부르든 평범함 속 비범함을 발견하는 바로 그 순간 삶의 위대한 변화는 시작된다.

그러므로 우리의 책임과 의무는 일상의 평범함 속에 숨겨진 비범하고 위대한 삶의 의미와 목적을 발견할 때까지 주어진 오늘을 성실하게 살아가는 것이다.

그리하여 마침내 결정적인 순간이 찾아왔을 때 망설임도 두려움도 없이 그 순간을 단단히 부여잡고 한 번뿐인 내 삶을 더욱 가치 있게 만드는 것이리라.

○ 지극히 평범한, 비범하고 위대한

그날로 가보자. 지극히 평범한 날이었으므로 어마어마한 사건 사고라든지 충격적인 대반전 같은 건 없었다는 걸 미리 일러둔다. 다만 여느 날과 다른 게 있다면, 그날 내게 각성의 순간 같은 것이 찾아들었고 여느 때라면 그냥 흘려보냈을 수도 있는 그 짧은 순간을 운명처럼 혹은 마침내 때가 되어서 알아차린 것뿐이다. 간절함 내지 절박함이었는지도 모를 심정으로 그 순간을 부여잡으며 나를 찾는 여정, 인생의 두 번째 챕터가 시작되었다.

하지만 그건 시작에 불과했다. 내 존재 이유와 내 삶의 진정한 의미와 목적을 발견하기까지, 그리고 인생의 두 번째 이야기를 본격적으로 시작하기까지 또 다른 우회로를 돌고 돌아야 했다. 사주 명리학에서 말하는 인생의 대운이 바뀌기 전 겪게 되는 크나큰 변화와 시련처럼 인생의 진정한 변화를 맞이하기 위한 워밍업 같은 게 아니었을까 생각해본다.

평범했던 그날 내게 찾아온 각성의 순간으로 가보자. 인생은 한 편의 드라마라더니 드라마 속 주인공에게나 일어날 법한 일이 내게도 일어났다.

다만 드라마에선 주인공의 놀란 표정을 정지 화면으로 클로즈업한다거나 루트비히 판 베토벤의 〈운명〉 교향곡이나 천둥 번개가 치는 듯한 효과음으로 결정적인 순간을 놓치지 않는다.

주인공 자신도 시청자도 함께한 각성의 순간으로, 이후 급격한 심경 변화나 스토리 전개의 급격한 전환 맥락을 쉽게 이해할 수 있다. '아 그래서 그랬구나' 하고 말이다.

하지만 실제 삶에선 그저 찰나의 순간일 뿐이다. 그 순간 온 세상이 멈춰 선다거나 마른하늘에 날벼락이 치는 등 각성의 순간을 한껏 일깨워주는 일 같은 건 결코 일어나지 않는다.

그저 뇌리를 스치는 듯한 서늘한 기분을 잠시 느낄 뿐이다. 그조차도 한순간에 지나가버려 놓치기 십상이다. 늘 깨어 있으라던 옛 성현들의 말씀은 이런 순간을 두고 한 말이 아닐까 싶다.

○ 마흔의 운과 때를 섣불리 판단할 수 없다

기억하지 못할 뿐, 살면서 수없이 많은 각성의 순간을 만났을 테다. 미처 자각하지 못하거나 붙잡을 용기가 없어서 인생에 다시 오지 않을 기회를 놓치고는 뒤늦게 후회한 적이 얼마나 많은가. 그게 다 운이고 각자의 때가 있는 법이라고들 한다.

기실 '운'과 '때'라는 건 내게 다가온 때를 알아보는 '안목', 때를 놓치지 않겠다는 강력한 '의지', 두려움 속에서도 과감하게 한 걸음 내딛는 결연한 '실행력'의 세 박자가 맞아떨어질 때 맞이하는 것이니 틀린 말은 아니다.

그렇지만 내 의지와 상관없어 보이는 운과 때도 변화를 향한 열망과 어제보다 나은 오늘을 만들겠다는 성장에의 의지만 있다면 이미 반 이상 갖춘 것이다.

누군가에겐 운과 때가 이르게 오기도 하고, 누군가에겐 수많은 삶의 경험을 한 뒤 뒤늦게 찾아오기도 한다. 또 삶의 긴 호흡으로 본다면 반드시 이른 게 좋고 늦은 게 나쁘다고 말할 수도 없다. 늦은 게 진정 늦은 것인지도 속단하기 어렵다. 그저 각자의 속도와 때가 있는 것이다.

마흔이라는 나이에 내게 찾아온 각성의 순간이 늦은 것인지 이른 것인지 인생을 아직 다 살아보지 않은 나는 확언할 수 없다. 그리고 그것이 시작인지 마지막인지도 이제 고작 인생의 두 번째 챕터를 시작했을 뿐인 나는 섣불리 판단할 수 없다.

다만 삶은 언제나 예상 밖의 놀라움을 선사하니, 오늘도 난 언제고 다가올 세 번째, 네 번째 때를 놓치지 않고자 온몸의 촉각을 곤두세우며 만반의 준비를 갖추고 있을 뿐이다.

○ 한 시절의 끝,
   새로운 시절의 시작점에서

평범했던 그날 뇌리를 스치듯 한순간에 지나간, 하지만 이번엔 절대 놓치지 않았던 각성의 순간을 장면으로 묘사하면 이렇다.

퇴근 후 아무도 없는 어둑한 집, 식탁 의자에 한 여자가 우두커니 앉아 있다. 그때 갑자기 사방이 어두워지고 그녀의 머리 위로 강렬한 스포트라이트 조명이 비춘다. 그리고 그 순간, 그녀의 독백이 흐른다. '아, 드디어 끝났다.'

그때 난 인생이라는 무대 위의 주인공이자 그런 나를 바라보는 관객이었다. 무대 위의 나였는지 관객으로서의 나였는지 둘을 바라보는 연출자로서의 나였는지 정확히 알 수는 없지만, 지금 이 순간이 내 인생 첫 번째 챕터의 끝 장면인 것만은 확실히 알 수 있었다.

누구나 처음 사는 인생, 한 치 앞을 모르는 게 당연하고 그런 게 인생의 묘미라지만 내 인생의 첫 번째 챕터가 그렇게 갑작스레 막을 내릴 줄은 몰랐다. 내 삶에 두 번째 챕터라는 게 존재하고 그렇게 갑자기 시작될 줄은 상상조차 하지 못했다는 게 좀 더 정확한 설명일 것이다.

스무 살에 바라본 마흔은 삶의 도전과 모험을 성공적으로 완수하곤 '그리고 그들은 영원히 행복하게 살았습니다' 이후의 안정되고 평화로운 삶을 사는 여유롭고 멋진 중년의 모습이었다.

그런데 일과 육아에 치여 정신없는 날들을 보내고 어느 날 문득 정신을 차려보니 마흔이 되어 있었다. 그리고 현실은 스무 살에 상상했던 마흔의 그것과는 전혀 달랐다.

아마도 이미 내 인생 이야기의 후반부에 접어들었다고 생각하며 어느 정도 체념하고 있었던 듯싶다. 그저 오늘 하루를 무사히 살아내는 것만으로도 벅차 행복한 미래, 꿈꾸는 삶, 변화 가능성, 지속 성장 같은 단어는 머리에서 지운 지 오래였다.

그런데 고정불변, 불가역적이라 생각했던 내 인생에 크나큰 지각 변동이 일었다. 마흔 이후의 삶은 상상조차 해보지 못했던 내게 인생의 운과 때가 다가와 여기가 끝이 아니라는 듯 회심의 미소를 짓더니 불현듯 인생의 두 번째 챕터가 시작된 것이다.

글로 쓰인 책도, 연극 무대도 아닌 현실에선 한 시절의 끝과 새로운 시절의 시작의 경계가 분명하지 않을 때가 많다. 그나마 학창 시절에는 입학과 졸업이라는 경계가 확실했지만, 성인이 되어선 지금이 내 삶의 어디쯤인지조차 가늠하기 어렵다.

시작과 끝을 모르니 늘 불안하고, 삶의 우회로를 돌고 또 도는 어리석은 선택을 반복하며, 결정적인 순간에 들어서도 "어, 어, 어" 하다가 놓치기 일쑤다. 그러곤 '만약에, 만일, 그때 그랬다면, 그랬어야 했는데…'를 반복하며 뒤늦은 후회를 한다.

신기하게도 그날 그 순간만큼은 달랐다. 벼랑 끝에 선 드라마의 주인공처럼 한 시절의 끝이자 새로운 시절의 시작점에 결연한 자세로 서 있었다. 앞으로 나아갈지 망설임 끝에 뒤로 물러설지는 고민거리가 아니었다. 삶의 변곡점, 그 경계선에 서서 생각했던 건 다짐에 가까웠다.

지금, 이 책장을 넘겨 인생의 새로운 챕터를 써 내려가자. 인생의 두 번째 무대는 좀 더 과감하게 만들어보자. 지금 이 한 발을 내딛기까지 40년의 시간이 필요했다면 앞으로의 40년을 위해 제대로 나아가보자. 그 선택은 오로지 내 몫이고, 난 나아갈 선택을 하겠다.

변화는 늘
예고 없이 찾아온다

여느 날과 다름없었다. 날짜도 정확히 기억나지 않을 만큼 반복되는 일상 속 평범한 하루였다. 아이가 초등학교 3학년이 되던 해였으니 아이는 열 살, 나는 막 마흔 살이 되었을 것이다. 어느덧 직장 생활 16년 차, 워킹맘 생활 10년 차에 접어든 난 이제 제법 능숙하게 일과 육아를 병행하는 삶에 적응한 터였다.

퇴근 시간이 다가온다. 몇 분 차이로 퇴근길 러시아워에 갇히면 낭패다. 못다 한 업무는 집에 가서 마무리하기로 하고 노트북을 챙겨 부랴부랴 퇴근길에 나선다. 나를 기다리고 있을 아이와 육아도우미의 퇴근 시간을 걱정하며 초조하게 운전대를 잡는다.

이런 내 마음을 아는지 모르는지 도로에는 시시각각 차가 늘어나고 시간은 째깍째깍 빠르게 흘러간다. 과감하고 아슬아슬한 몇 번의 끼어들기와 질주 끝에 가까스로 집에 도착해 '휴~' 하고 안도의 한숨을 내쉰다. 허겁지겁 신발을 벗고 집에 들어서며 아이의 이름을 불러본다. 아무 대답이 없다. 평소라면 반갑게 '엄마~' 하며 뛰어나올 아이가 보이지 않는다.

그제야 여느 때와 달리 집안의 불이 모두 꺼져 있다는 걸 발견한다. 적막감마저 감도는 집이 낯설게 느껴진다. '무슨 일이지?' 이 시간에 놀이터에 갔을 리는 없다. 만일 아이에게 무슨 일이 생겼다면 육아도우미가 이미 내게 연락했을 테니 일단 안심이다. 아이의 방문을 열다 불현듯 이번 주부터 아이의 태권도 수업이 저녁 시간으로 바뀌었다는 걸 기억해낸다. 그제야 깊은 안도의 한숨을 내쉰다.

육아도우미에겐 아이 학원 시간과 내 퇴근 시간이 겹치면 기다리지 말고 일찍 퇴근하라고 일러둔 터였다. 몇 년째 우리 가족과 함께하며 아이를 잘 돌봐준 분에 대한 내 나름의 배려이자 좋은 육아도우미와 오래 함께 일하기 위한 복지였다.

아이의 학년이 올라갈수록 육아도우미의 손을 덜 탔지만, 출근 시간이 빠르고 출장 등 일정이 자주 바뀌다 보니 비용 부담이 크더라도 육아와 가사를 겸하는 종일제 도우미를 계속 고용할 수밖에 없다. 게다가 한 달을 훌쩍 넘는 여름 방학과 겨울 방학은 의지할 곳 없이 독박육아를 하는 워킹맘에겐 넘을 수 없는 장벽이다. 끝나지 않을 것만 같던 생활에도 변화가 시작되고 있음을 느꼈다.

아이가 없는 집은 그야말로 적막강산이다. 불과 몇 시간 전까지만 해도 퇴근 후 집에 혼자 조용히 있는 시간을 간절히 소망했다. 그런데 소원 성취의 순간치고는 허전하고 얼떨떨할 뿐이다. 뭘 할지 몰라 식탁에 한참을 우두커니 앉아 있었다.

이토록 짧은 자유의 시간조차 감당하지 못해 쩔쩔매는 현실에 당혹감을 느꼈다. 영원히 끝나지 않을 것만 같던 하루 일과 후 퇴근해 곧바로 시작되는 육아 일의 삶, 아이와 살을 비비며 복작복작 정신없던 시간이 이제 정말 얼마 남지 않았다는 걸 실감한다. 머지않은 미래에 기어코 닥칠 아이 없는 삶을 잠시나마 미리 경험하는데, 기쁨보다 가슴이 서늘해지는 한기를 느끼는 건 왜일까?

엄마의 삶에 끝은 없지만 집중적인 육아의 시간은 길어야 대학 입학까지 20년이다. 이제 절반을 지나왔으니, 마지막 날을 향한 카운트다운이 본격적으로 시작될 것이다. 막상 카운트다운이 시작되었다고 생각하니 지긋지긋했던 지난 10년의 세월이 파노라마처럼 눈앞에 펼쳐지며 그리운 마음마저 든다. 그동안 내가 얼마나 엉터리 엄마였는지, 나의 미숙함과 어리석음으로 아이에게 얼마나 많은 상처를 줬는지 후회가 밀려온다.

결혼하고 아기를 낳았다고 단번에 어른이 되고 부모가 되진 않는다. 여전히 나밖에 모르는 어른아이였던 난 엄마의 역할과 책임을 온전히 받아들이지 못했다. 엄마가 되어 아이를 키우는 일은 내 삶에 주어진 시련이고 고통이라고만 생각했다. 내 선택이니 어쩔 수 없이 책임과 의무를 다하면서도 늘 억울하고 화가 났다.

그런데 아이를 내 품에서 떠나보낼 날이 구체적으로 그려지자 마음이 급해졌다. 지난 10년의 세월처럼, 앞으로의 10년도 순식간에 지나갈 것이다. 지금껏 엄마 노릇만 해왔지만, 이제부턴 정말 엄마란 존재가 되고 싶어졌다.

언제든 돌아가고 싶은 따뜻한 집 같은 엄마가 되고 싶다는 생각과 함께 내 아이를 바르게 잘 키우는 게 중대한 사명임을 비로소 깨달았다. 지금부터라도 그 사명을 성공적으로 완수하고 싶어졌다.

변화가 반갑지만은 않은 이유는 또 있었다. 변화 자체가 문제였다. 하루 24시간이 모자란 치열하고 밀도 높은 워킹맘의 삶에 가까스로 적응했는데 또다시 변화라니. 갑작스럽게 찾아든 변화의 조짐은 힘겹게 쌓아 올린 성벽에 균열이 생긴 듯 나를 두렵고 초조하게 만들었다. 어서 빨리 그 틈새를 메우지 않으면 내 삶이 한순간에 와르르 무너질 것만 같은 불안감이 엄습했다.

나 하나만 챙기면 되던 시절에는 늘 변화를 바랐고 또 변화가 가져올 예상치 못한 결과조차 설렘이고 즐거움이었지만, 아이가 있는 삶에선 작은 변화의 조짐조차 삶을 뒤엎을 태풍처럼 느껴져 잔뜩 긴장하게 된다.

지켜야 할 게 많아진 삶에선 나를 위한 긍정적인 변화조차 버거운 삶의 무게로 다가온다. 어쩌면 이 모든 걸 핑계 삼아 가까스로 만든 안정되고 편안한 지금에 안주하고 싶은지도 모른다.

○ 고작 두 시간, 감당하기 벅차게 길었다

아이가 돌아올 때까지 집에서 할 일은 딱히 없어 보인다. 그게 가장 큰 문제였다. 자유 시간이 생기면 하고 싶은 게 무척 많았는데 도통 아무것도 생각나질 않는다. 일단 아이가 집에 돌아올 때까지 기다려보기로 한다.

가만 있자. 태권도 학원 끝나는 시간이 몇 시더라? 8시쯤 끝나니, 집에 오면 8시 10분쯤 될 것이다. 지금부터 고작 두 시간, 좀 쉬다 보면 금방 지나갈 시간이다. 그런데 왠지 오늘따라 유난히 시간이 더디게 간다. 두 시간이 이렇게 길었던가?

아이를 건강하게 보살피고 잘 키워내는 일, 오랜 시간 그 긴급하고 절박한 일 하나에만 온몸의 신경을 곤두세우며 달려왔다. 그런데 갑자기 목적지가 눈앞에서 사라졌다, 사막의 신기루처럼. 사막 한가운데 혼자 선 듯 고독함과 두려움을 느끼며 생각한다.

'이제 난 뭘 해야 하지? 어디로 가야 하지?'

그동안 자유의 시간을 애타게 부르짖었지만, 그날이 이렇게 빨리 올 거라고는 상상하지 못했다. 그런 생각조차 사치라 느낄 만큼 정신없이 바쁜 나날이었다.

퇴근하면 한숨 돌릴 새도 없이 아이 챙기기에 바빴고 아이를 겨우 재우고 나면 퇴근을 서두르느라 미처 끝내지 못한 회사 업무를 마무리해야 했다. 그러다 보면 어느새 자정이 훌쩍 넘어 화장도 못 지우고 그대로 잠들기 일쑤였다.

회사에서 녹초가 된 날은 집 문을 열고 들어서기가 두려울 만큼 점점 더 강해지는 아이의 에너지가 버거웠다. 회사는 차라리 휴식처에 가까웠다. 그래도 화장실 갈 시간은 주고 밥 먹을 시간도 주지 않는가.

그런데 지금에 와서 보니 버거울 정도로 차고 넘쳤던 아이의 에너지는 내 삶의 버팀목이자 활력을 불어넣는 생명의 에너지였다. 내 삶의 에너지인 아이가 곁에 없기 때문일까? 온몸의 에너지가 모두 빠져나간 듯 한없이 무기력하다.

갑작스레 찾아든 두 시간의 공백은 감당하기 어려울 만큼 막막하고 길었다. 아이가 어서 빨리 돌아와 나를 다시 바쁘게 만들어주길 바라는 이 역설적인 상황을 대체 어떻게 받아들여야 할까? '그럼, 이제 난 뭘 해야 하지?'

○ 마침내 자유의 시간, 공허하고 허무했다

거꾸로 매달아도 국방부 시간은 간다고 하던가? 육아의 시간도 그렇다. 원하든 원치 않든 째깍째깍 흘러 영원히 끝나지 않을 줄 알았던 밀착 육아의 첫 10년이 끝났다. 그리고 육아의 후반기는 한결 여유롭다.

아이는 더 이상 밤늦게까지 잠을 자지 않겠다고 떼를 쓰지 않고 밤새 책을 읽어달라고 보채지도 않는다. 학년이 높아지면서 방과 후 일정도 늘어나 아이의 귀가 시간이 부모의 퇴근 시간보다 늦어지기도 한다. 100일의 기적보다 더 큰 기적의 순간이 아닐 수 없다.

내 삶에서 그런 순간을 맞으면 영화 〈쇼생크 탈출〉의 주인공 앤드류 듀프레인처럼 하늘을 향해 두 손을 번쩍 들고 감격의 눈물을 흘릴 줄 알았다. 그러나 현실은 영화와 달랐다. 처음에는 무감각하다가 곧 공허와 허탈감이 밀려들었다.

빅터 프랭클의 『죽음의 수용소에서』에는 제2차 세계대전이 끝나고 해방과 자유가 찾아온 유대인 강제수용소의 모습이 그려진다.

죽음의 고비를 넘기고 마침내 맞이한 자유의 순간, 놀랍게도 수감자 중 누구도 감격에 겨운 말을 꺼내거나 수용소 생활 내내 부르짖었던 자유와 해방이란 단어를 언급하지 않았다. 그들의 얼굴을 보니 기쁨의 표정을 짓기는커녕 모든 감정이 얼어붙은 듯 보였다고 프랭클은 적고 있다.

게다가 놀랍게도 누구도 지긋지긋한 수용소를 서둘러 떠나지 않았다고 한다. 그곳이 마치 그들의 보금자리인 듯 낮에는 밖으로 나가 어슬렁거리다가 저녁이 되면 다시 수용소로 돌아오곤 했다는 것이다.

억압에서 갑자기 풀려난 사람들이 당면한 변화를 실감하지 못하고 자신을 낯설게 느끼거나 현실감을 상실하는 감정 상태를 '이인증(Depersonalization)'이라고 한다.

그러나 더 큰 역경은 그들이 집으로 돌아간 뒤에 맞는다. 자신을 기다리는 가족도 친구도 모두 죽고 없다는 현실에 맞딱뜨린 그들은 대체 무엇을 위해 그 힘든 수용소 생활을 견딘 건지 삶의 의미를 잃고 '실존적 공허감(Existential Vaccum)'에 시달린다. 꿈에 그리던 모습과 전혀 다른 현실에 비통함을 느끼고 중독증에 빠지거나 자살을 선택하기도 한다.

물론 당시 나의 상황을 감히 제2차 세계대전 당시 유대인 강제수용소 생활에 비교할 수는 없을 것이다.

그럼에도 내 의지로 어찌할 수 없고, 대체 언제까지인지도 모른 채 감당하기 힘든 중압감을 견뎌온 육아의 첫 10년은 절망적인 수감자의 시간처럼 느껴졌던 게 사실이다.

나 역시 10년 내내 자유의 그날을 간절히 꿈꿨건만 훅 하고 찾아든 자유의 순간 내가 느낀 건 그저 얼떨떨하고 떨떠름한 감정, 즉 이인증이었다.

곧이어 밀려오는 공허에 바쁘고 정신없었던 지난날들이 그리울 정도였다. 예전의 삶으로 돌아갈 방법이 있다면 돌아가는 선택을 했을지도 모르겠다.

갑자기 생겨난 자유, 고작 두 시간의 짧은 순간이었음에도 내 삶을 집어삼킬 만큼 강력한 공허와 허무에 그만 압도당하고 말았다. 그리고 이제껏 경험한 적 없는 끝없는 삶의 공허를 메우기 위해서라면 일이든, 자기계발이든, 취미든 나를 다시 정신없게 만들어줄 뭔가가 절실했다.

○ 삶의 공허와 허무를 메우기 위한 선택

삶의 의미와 목적을 상실하고 실존적 공허감에 시달리는 이들이 가장 쉽게 빠져드는 게 중독이라고 한다. 공허, 허무, 상실감, 쓸쓸함을 메우고자 또는 숨기고자 일, 술, 도박, 게임, 마약 등 자극적인 것으로 계속해서 감각을 마비시키는 게 바로 중독이다.

돌아보면 육아의 첫 10년은 마치 육아에 중독된 듯 '육아홀릭'의 시간이었다. 그때 아이의 성장 단계와 시기를 제대로 알고 있었더라면, 우리가 함께하는 시간의 길이, 밀도, 유한성을 예측할 수 있었더라면 그렇게 힘들게만 보내진 않았을 텐데, 바쁜 틈틈이 10년 이후의 시간도 준비할 수 있었을 텐데….

삶에 '만약'이란 없다지만 늘 아쉬움이 남는다. 어느 순간 아이가 훌쩍 자라 육아에 들이는 시간과 에너지의 투입량이 줄자, 육아홀릭이었던 내게 중독보다 더 고통스러운 금단 현상이 찾아왔다.

모처럼 찾은 자유의 시간을 여유롭게 즐기며 조금씩 변화된 삶에 적응하는 선택을 할 수도 있었으련만, 이런 순간을 맞으리라 예상도 예측도 하지 못했던 그때의 난 삶의 전환점에서 당황한 채 발만 동동 구르고 있었다.

자존심을 세우느라 도움의 손길을 구하거나 멘토 또는 롤모델을 찾아 나설 생각 역시 하지 못한 채 그저 혼자 끙끙거렸다. 갑자기 몰려든 공허와 허무에 겁먹고 압도된 나머지 한시라도 빨리 마음속 텅 빈 공간을 메우려 허겁지겁 서두르고 있었다.

이제 육아의 빈자리는 그동안 내 삶의 우선순위에서 밀려 있었던 일과 자기계발이 차지했다. 육아에 쏟는 시간이 줄어든 만큼 더 많은 시간을 일에 매달렸고, 허무를 숨기고자 그동안 미룬 자기계발에 몰두했다. 결핍의 경험 덕분에 일에서 얻는 성취감과 자기계발을 통한 성장 욕구가 얼마나 크고 강력한지 새삼 깨달았다.

부모로서 아이를 키우며 뿌듯함과 성취감을 느끼고 아이와 함께 성장하는 크나큰 경험을 했다. 하지만 '나'라는 독립된 존재로서 난 여전히 성장에 목말랐고, 도전과 성취로 뿌듯함과 성취감을 느끼고 싶었다.

'육아홀릭' 때보다 한술 더 뜬 '워커홀릭'에 '성장홀릭'의 시간을 보냈다. 일, 육아, 성장에 몰두하며 이전보다 더 정신없이 몸과 마음을 바쁘게 만들었다. 잠시나마 공허와 허무를 마음속에서 살짝 밀어내고 안도의 한숨을 내쉴 수 있었다.

그게 좋은 선택이었는지 나쁜 선택이었는지, 아이를 돌보는 시간이 줄어드는 만큼의 공백을 채우기 위한 조급한 선택이었는지, 그도 아니면 이 또한 나를 찾는 여정을 위한 선택이었는지 알지 못한 채 인생의 두 번째 챕터 첫 장, 나를 찾는 여정은 그렇게 불안하게 시작되었다.

돌이켜 생각해보면 삶의 우선순위 간의 조화와 균형의 최적점을 찾고 내 삶의 진정한 의미와 목적을 발견하기까지의 필수 불가결한 여정이었지만, 삶의 우회로를 돌고 돌아 나만의 트랙에 올라서기까지 또다시 긴 여정이 시작되고 있었다는 걸 그땐 알지 못했다.

○　귀한 첫 10년을 뒤로하고 　맞이할 10년

두 시간의 자유와 그로 인한 나비효과는 엄청났지만, 내 삶에 큰 영향을 미친 건 시간과 관계의 유한성에 대한 깨달음이다.

지금껏 육아를 내 삶의 굴레라고만 생각했다. 1분 1초도 길게 느껴져 답답해하며 깊은 한숨을 내쉬고 우리의 시간을 힘겹게 '카운트 업'해왔다. 하지만 이제부턴 1분 1초도 아쉬운 마음으로 우리에게 주어진 소중한 날들을 '카운트다운'해가리라 다짐한다.

이제 겨우 육아의 첫 10년이 지났을 뿐이다. 아이가 대학에 입학하기까지 10년의 시간이 남아있다. 하지만 시간이란 게 고무줄 같아서 1년이 10년 같기도 하고 10년이 1년 같기도 하다는 걸 지난 10년의 경험으로 배웠다.

10년이라는 시간은 길고도 짧다. 소중한 관계에 있어선 더욱 그렇다. 우리의 시간이 유한하다는 사실을 깨달은 지금, 이 순간부터 우리의 시간은 빠르게 흐를 것이다.

아이와의 시간이 난생처음 경험하는 무겁고 힘든 시간이었지만 늘 그렇기만 했던 건 아니다. 즐겁고 행복하고 감동적인 순간들도 함께했다. 그 시간과 순간들 속에서 아이도 나도 함께 성장했다.

아이에게 좋은 엄마, 좋은 부모, 좋은 삶의 본보기가 되고 싶다는 열망이 내 안에 깊이 자리 잡고 있다는 것도 깨달았다. 우리가 함께한 10년 만에 비로소 '아이, 가족, 가정'이 내 삶의 중요한 가치라는 걸 깨달은 것이다. 힘들고 고됐지만 아이의 손을 꼭 잡고 함께 걸어온 육아의 첫 10년 여행길은 내 삶에서 가장 눈부시고 아름다운 날들이었다. 삶의 어떤 순간과도 맞바꿀 수 없는 귀한 시간이었다.

어디로 가는지 알지 못하고 무작정 발걸음을 떼는 초보자의 첫 여행이 그렇듯 서툴고 허둥거렸지만, 세련되고 아늑한 삶에선 얻을 수 없는 짜릿한 긴장감과 모험을 가족이라는 이름으로 함께 겪어냈다.

잊지 못할 추억들, 고운 정 미운 정이 쌓이며 마음으로 연결된 진정한 가족 공동체가 되었다. 이제야 겨우 우리의 관계가 또 우리가 함께하는 시간이 얼마나 소중한지 깨달았는데, 엄마로서 또 부모로서 내 역할과 의미를 비로소 이해했는데 삶의 시계는 우리의 시간이 얼마 남지 않았다는 걸 알려왔다.

'빈 둥지 증후군(Empty nest syndrome)'이라고 하던가? 아이 없는 삶에 벌써부터 덜컥 겁이 난다. 하지만 끝이 있다는 걸 알고 떠나는 여정이 지금까지와는 사뭇 다를 거란 사실에 기대가 되는 것도 맞다. 아이를 내 삶에 들일 때보다 더 많은 시간과 노력을 들여 아이 없는 날을 준비하고 맞이해야 하리라.

늘 그렇듯, 삶의 변화는 예상치 못하게 찾아든다. 우린 최선을 다해 변화의 시간을 잘 살아내야 한다. 이번에는 경력직 신입의 자세로 조금은 능숙하고 또 유연하게 살아볼 수 있으리라. 아무렴 지난 10년간 쌓은 내공이 있다며 애써 여유를 부려본다.

죽음을 기억하라는 뜻의 '메멘토 모리(Memento mori)'는 오늘을 즐기라는 뜻의 '카르페 디엠(Carpe diem)'과 함께 익숙한 라틴어 문구다. 메멘토 모리는 우리가 유한한 존재임을 늘 자각하며 내게 주어진 오늘을 충실하고 충만하게 살라는 뜻이다.

삶의 시간과 관계가 유한하다는 걸 깨달은 지금, 우리의 시간과 관계를 '메멘토 모리'해야 한다. 아직 시간이 남아있음에 감사하며 함께 '카르페 디엠'할 때라는 것도 잊지 말자.

○   불현듯 찾아온
   삶의 변화에 대처하는 자세

아이가 태어난 날 D+000, 부부가 함께하기 시작한 날 D+000, 가족이 된 날 D+000. 지인들의 SNS에서 그들 삶의 디데이를 발견할 때면 숫자 속에 얼마나 많은 웃음과 눈물, 행복과 슬픔으로 가득한 추억의 시간이 쌓였을지 생각한다. 소원 탑을 쌓듯, 차곡차곡 쌓이는 서로의 시간을 기록하며 함께한 날을 추억하는 마음이 너무도 소중하고 애틋하다.

인생의 첫 번째 챕터를 끝맺으며, 세상 모든 존재는 유한하고 시작이 있으면 끝도 있기 마련이라는 걸 깨닫는다. 우리의 삶도, 우리가 함께하는 한 시절도 유한하다. 삶의 어느 순간에 있든 우리는 모두 끝을 향해 나아가는 중이다.

삶에는 끝이 분명한 일보다 끝이 언제일지 알 수 없는 일이 많고, 우리의 능력으로는 끝을 정확히 가늠하기 어려울 때가 많다. 하지만 그렇기에 더더욱 어느 날엔가 반드시 닿을 미래의 시간과 끝을 상상하고 계획하는 창의력과 기획력이 필요하다.

어느 날 불쑥 찾아든 끝 지점에서, 다시 또 시작되는 새로운 여정의 시작점 앞에서 당황하지 않고 좀 더 의연해질 수 있도록 우리의 유한한 시간과 삶의 소중한 한 시절을 카운트다운해보면 어떨까?

에세이 『소설가라는 이상한 직업』에서 장강명은 '세상에 10년 노력이 아깝지 않은 일이 몇 가지나 있을까'라며 소설가가 헌신할수록 더 좋아지는 직업이라 말한다. 내겐 엄마라는 직업이 그렇다. 너무 늦게 깨달은 게 아쉽고 못내 안타까울 만큼 10년 노력이 아깝지 않았고, 헌신할수록 더 좋아지는 직업이 바로 '엄마'였다.

바로 그 무거운 역할과 책임을 조금씩 덜어내는 순간이 시작되었다. 엄마의 역할이라는 게 평생 이어진다지만 아이가 엄마의 존재를 가장 많이 필요로 하는 시기는 태어난 순간부터 대학 입학까지의 약 20년. 그마저도 첫 10년에 상당량의 에너지가 집중되고 나머지 10년은 서로의 삶에서 물리적으로 멀어지는 날을 준비하는 시간이다.

그동안 내내 힘들다고 툴툴거리고 원망을 쏟아내더니 이제 아쉽고 서운한 마음이라니. 삶은 언제나 얄궂다. '이제 좀 뭐가 뭔지 알겠다. 이제부턴 잘 좀 해봐야지!' 하고 생각하는 순간 한 시절이 끝나고 전혀 다른 새로운 삶의 도전과 미션이 시작되는 것이다.

지난 10년, 온몸의 신경세포를 오직 아이 하나에만 집중하며 사느라 변화의 시간이 코앞까지 다가왔음에도 눈치채지 못했다. 하지만 원하든 원치 않든 변화는 이미 시작되었다. 아이에게도 나에게도. 지난 10년, 우리는 서로를 꼭 끌어안고 함께 웃고 울며 여행했다. 아이는 이제 내 품에 안겨 여행하기에는 몸도 마음도 훌쩍 커버렸다.

앞으로의 10년 여행길은 서로를 꼭 끌어안은 팔을 풀고 각자의 자리에 앉아 가는 연습을 해야 할 것이다. 긴 여행의 마지막 날, 우리는 각자의 짐을 들고 플랫폼에 내려서서 긴 여행의 끝마침을 자축한 뒤 웃으며 각자의 목적지를 향할 것이다. 서로가 서로에게서 독립하는 그날까지 우리의 새로운 10년 여행은 서로의 홀로서기를 도우며 따로 또 같이 할 것이다. 얼떨떨하게 시작된 우리의 두 번째 여정은 여전히 낯설고 서투르겠지만, '한 번 해봤으니까'라며 서로에게 찡긋 웃어주고 최종 목적지를 향해 발걸음을 재촉할 것이다.

○ 답을 모를 땐, 지금 할 수 있는 일을 한다 ○

자신이 무엇을 원하는지 모르고

무엇을 선택해야 할지 모른다면

마음을 차분히 가라앉히고

지금 할 수 있는 일을

하는 것이 낫다.

하다 보면 해답이 나타날 것이고

하다 보면 자기도 모르는 사이

최종 목적지에 도달할 것이다.

『아미타경 마음공부』

해가 뜨기 전 하늘이 가장 어둡다. 새로운 시작과 변화의 시간은 언제나 짙은 어둠의 시기를 앞세우고 온다. 한 치 앞도 보이지 않는 시간 속에서 우리가 할 수 있는 유일한 일은 길이 보일 때까지 한 걸음 한 걸음 나아가는 것이다. 걷다 보면 눈이 먼저 어둠에 적응하고 희미하게나마 길이 보이기 시작할 것이다. 그 희미한 길을 따라 조심조심 계속 걷다 보면 서서히 새벽 여명이 밝아오고 길은 점점 선명해진다.

밝아진 세상에서의 여정이라고 순탄한 건 아니다. 여전히 보이지 않는 목적지를 향하는 여정은 어둠 속 여정보다 더 어두울지도 모른다. 어둠 속에선 내 발 끝만 살피며 조심조심 걸으면 됐지만, 밝은 길 위에선 시선을 빼앗는 볼거리도 많고 선택할 수 있는 길도 많다.

선택지가 많아지면 고민은 깊어지고 발걸음은 느려진다. 내가 가는 이 길이 맞는지 의심하다 보면 종내에는 멈춰 설 수도 있다. 고심 끝에 선택한 길 위에선 가지 못한 길을 후회하다 뒤돌아 갈지도 모른다.

수많은 길을 선택하고 지나오며 깨달은 사실 하나는 어떤 길을 택하든 쉽고 편하지만은 않다는 것이다. 나를 위한 완벽한 길이 따로 있는 게 아니라 내가 걸어온 길과 내가 걸어갈 길이 나를 위한 완벽한 길이다. 그러니 삶의 고민은 어떤 길을 선택하느냐가 아니라 선택한 길을 어떤 태도와 자세로 완주하는가 다. 멈추지만 않으면 어떤 길도 반드시 끝에 닿는다. 하나의 길이 끝나면 새로운 길이 이어지고, 끝없이 이어지는 길 위에서의 여정이 모여 내 삶의 지도로 완성될 것이다.

지금 길을 잃었다면, 길이 너무 험난해 하루빨리 벗어나고 싶다면, 지금의 여정이 지겹고 가치 없게 느껴진다면 새로운 길에 들어서고 새로운 여정을 시작할 방법은 하나다. 계속 걷는 것. 뒤돌아보지도 말고 머뭇거리지도 말고 그저 가던 길을 계속 걸어서 길 끝에 닿는 것. 그래야만 새로운 길을 만나고 새로운 여정을 시작할 수 있다.

길이 보이지 않을 땐 길이 보일 때까지 걷는다. 목적지가 보이지 않을 땐 목적지가 나타날 때까지 걷는다. 그렇게 걷고 또 걷다가 어느 날 가만히 고개를 돌려 등 뒤를 바라보라. 멋진 길이 당신 삶의 뚜렷한 궤적이 되어 있다는 걸 발견할 것이다. 오늘도 멈추지 말고 걸어라. 길이 보일 때까지, 목적지가 나타날 때까지, 길 끝에 닿을 때까지.

2장

일, 육아,
성장에서
프로가 되는 마흔

○ 현실 도피의 변명거리이자 책임 없는 자유

고도 성장기 급격한 사회적, 제도적, 기술적 변화의 물결 속에서 베이비붐 세대 부모의 적극적인 교육과 지원 아래 어느 세대보다 풍요롭게 자란 세대, IMF 외환 위기와 2007~2008년 세계 금융 위기를 경험하며 평생 고용의 신화가 사라진 각자도생의 시대에 오직 자기계발만이 살길이라 믿는 갓생 1세대, 그리고 영포티(Young forty), 엑스틴(X-teen)까지 지금의 40대를 설명하는 수식어는 무수히 많다.

사회가 정의하는 세대 구분과 규정된 특성에 모두 동의하진 않지만, 한 세대가 쌓아온 경험치의 평균에 수렴하는 삶이었다는 건 인정한다.

컴퓨터와 인터넷의 보급이 본격화된 시기에 성장하며 디지털 기술에 익숙하고 친숙한 세대라는 점, 가정과 조직 생활도 중요하지만 자신의 꿈과 열정을 추구하며 자아실현을 중시하는 세대라는 점이 그렇다.

또 수많은 변화의 시기를 통과하며 새로운 도전을 두려워하지 않는 독립적이고 도전적인 세대이면서도 꼰대라는 말에는 무척 민감한 꼰대인 듯 꼰대 아닌, 기성세대인 듯 기성세대 아닌 낀 세대라는 점도 그렇다.

자고 일어나면 세상은 변해 있었다. 변화에 적응하는 건 숨 쉬고 밥 먹듯 일상적인 일이었다. 지금의 알파세대(Generation Alpha)에게 디지털 기기가 그렇듯, 우리 세대에겐 변화가 그랬다. 그게 우리 세대의 가장 큰 임무였는지도 모른다. 변화에 잘 적응하는 것만으로도 잘한다, 기특하다, 대단하다고 칭찬받았으니 말이다.

그저 패스트 팔로워였을 뿐 변화를 이끄는 주체도 주인도 아니면서 변화의 바람과 함께 언제까지고 그렇게 살아갈 줄 알았다. 끝없는 변화 속에선 기필코 지켜내야 할 내 것 같은 건 존재하지 않기에 삶에서의 의무, 책임감, 인내심 같은 건 애초에 나와 상관없는 일이라 생각했다. 어차피 내일이면 또 변해 있을 테니. 기실 변화는 방종에 가까운 책임 없는 자유였다. 현실에서 도망칠 근사한 변명거리를 제공해주는 꽤 유용한 도피처이기도 했다.

돌아보면 결혼 후 삶에 대해 무모하리만치 무계획적이고 자신만만했던 건, 지금껏 그래왔듯 이 또한 변화의 한 순간이고 재빠르게 적응하면 될 일이라 생각했기 때문이다. 변화는 나의 일이고, 취미이고, 특기이므로 한동안 즐길 만한 새로운 놀이 정도로 생각했다.

그런 생각의 이면에는 '그리고 그들은 영원히 행복하게 살았습니다'로 끝나는 동화 속 해피엔딩에 대한 막연한 환상이 남아있었다. 스무 살 청년 시절의 불안정한 현실에서 도망치고 싶은 바람과 결혼 이후의 삶에 대한 무지가 그런 환상을 키웠을지도 모른다.

그리고 도망친 그곳에 낙원은 없었다. 예상과 바람은 완벽하게 빗나갔다.

○ 지금 나의 시무는
일하는 엄마다

일하는 엄마의 삶은 전쟁 영화 속 한 장면과도 같았다. 폭탄 하나 제거하고 나면 한숨 돌릴 새도 없이 또 다른 폭탄이 터졌다. 여기서 펑, 저기서 펑, 눈앞에서 펑펑 터지는 폭탄을 정신없이 피하다 보면 어느새 하루가 끝나 있었다.

도와주는 이 하나 없이 수많은 폭탄을 혼자 피해야 하는 현실에 비로소 어른의 삶을 실감했다. 내가 선택한 삶에서 도망칠 수 없고, 끝까지 내가 오롯이 책임을 져야만 한다는 당연하고도 낯선 현실에 몹시 당황했다.

그제야 비로소 깨달았다. 지금껏 내 힘으로 모든 걸 해냈다고 생각하며 나 잘난 맛에 살아왔지만, 앞에서 옆에서 뒤에서 내 삶을 든든히 지탱하고 지원해준 부모님의 희생과 헌신이 있었다는 걸. 난 그저 부모님이 만들어주신 안전한 놀이터에서 천방지축으로 뛰놀았을 뿐이었다는 걸 말이다.

이상과 현실의 경계에서 언제 터질지 모를 풍선을 한가득 잡고 이리저리 날아다니던 방랑 소녀가 마침내 현실이라는 땅 위에 두 발을 딛고 선 어른이 된 것이다.

자각의 순간 느꼈던 감정은 선악과를 먹고 에덴동산에서 쫓겨난 아담과 이브의 그것과 비슷하리라. 결혼이라는 지극한 현실이 비로소 눈앞에 선명하게 보이기 시작했다.

어느 날 갑자기 안전한 놀이터에서 쫓겨나 재난 영화 같은 현실 속으로 들어오고서야 알았다. 지금까지의 난 주어진 환경 속에서 시키는 대로 곧잘 따라 했을 뿐 내 손으로 이룬 건 없는 운 좋은 패스트 팔로워였다는 걸.

지금껏 보기 싫은 건 눈 감고 듣기 싫은 건 귀 막고 하기 싫은 건 온갖 핑계를 대서 피해 갈 수 있었지만, 이젠 더 이상 그럴 수 없다. 이제부턴 눈앞의 현실을 내 눈과 귀로 보고 듣고 내 손과 발로 헤치며 걸어 나가야만 한다.

변화의 세대라는 이름에 걸맞지 않게 꽤 오랜 시간 새로운 현실에 적응하지 못한 채 예전의 놀이터를 그리워하며 보냈다. 쉬운 선택을 했던 지난 시간을 후회하고 그런 내가 한심해 더욱더 자책하고 원망했다. 지금까지 난 대체 무엇을 하며 살았나. 지금 난 대체 무엇을 하고 있나. 예전의 내가 진짜 나인지, 지금의 내가 진짜 나인지 혼란스러운 자아 분열의 시간을 겪었다.

자아 정체성의 혼란, 쉽게 벗어날 수 없는 역할과 책임의 무게에 짓눌려 현실을 부정하기도 했다. 서럽고 힘들었던 지난 시절 얘기를 하고 또 하는 할머니처럼 한탄과 푸념을 늘어놓는 나를 발견할 때면 정말 내가 맞나 싶어 아연실색하기도 했다.

그런 내게 현실 감각을 되돌려준 건 내 손을 꼭 잡은 아이의 따뜻하고 말캉한 손이었다. 그제야 비로소 내가 한 아이의 엄마라는 엄중한 사실과 무거운 책임을 자각했다. 이것이 내가 완수해야 할 사명이다, 내 선택에 대한 책임을 다하기 전에는 절대 도망치지 않겠다고 결심했다.

나는 지금 내가 선택한 이 삶의 주인공이자 연출자다. 나의 역할은 내 부모님이 내게 그러했듯 이 작고 소중한 아이를 지켜줄 따뜻한 집을 짓고 아이가 맘껏 뛰놀 놀이터를 만들어주는 것이다.

더 이상 뒤돌아보며 후회하고 원망할 시간이 없다. 조금 늦었지만 지금부터라도 내 아이를 위해 엄마, 직업인, 그리고 내 삶의 주인으로 당당히 일어서야 한다.

어디서부터 어떻게 시작해야 할지 막막하지만, 내가 이 어마어마한 역할을 잘 해낼 수 있을지 자신 없지만 새로운 환경에 적응하며 하나씩 배워가면 될 것이다. 변화와 적응이야말로 내가 가장 잘해온 일이 아닌가. 그것이 지금 나의 시무다.

○　일과 육아를 병행하는 엄마가 혼자인 이유

대학에 갓 입학했던 1997년, IMF 외환 위기를 경험하며 나라도 망할 수 있다는 사실을 자각했다. 이후 Y2K, 밀레니엄을 통과하며 견고하다고 생각했던 세상의 틀과 제도가 하루아침에 멈춰 설 수도 있다는 걸 알게 되었다. 그렇게 깨달은 건 세상에 오직 나만 믿을 수 있다는 사실이었다. 우리 세대를 두고 갓생 1세대라고 칭하는 까닭일 테다.

굵직한 시대적 키워드와 깨달음을 갖고 대학을 졸업한 뒤 사회생활을 시작했다. 불과 20여 년 전이지만 2000년대 초반만 해도 여성 선배 대부분이 결혼과 출산 직후 일자리를 떠났다. 청첩장을 돌리는 건 얼마 후 회사를 떠날 거라는 선언과도 같았다.

첫 직장은 여성 직원이 비교적 많은 곳이었음에도 워킹맘은 손에 꼽을 만큼 적고 희귀한 존재였다. 하지만 시대는 빠르게 변하고 있었다. 해마다 선배들의 퇴직 한계선이 눈에 띄게 늘어났고 어느덧 결혼과 출산 후 일자리를 떠나는 게 의아하게 느껴질 만큼 일과 육아를 병행하는 워킹맘의 수가 크게 늘었다.

하지만 워킹맘을 위한 지원과 워킹맘에 대한 인식 변화는 늘 한발 늦고 더뎠다. 인구 절벽 문제가 눈앞의 현실이 된 지금은 육아 휴직 기간 연장, 지원금 확대 등 출산을 장려하고 맞벌이 가정을 지원하는 사회적 논의가 활발히 진행되는 듯하다. 사회적 관심이 높아지고 제도적 지원이 많아지는 건 분명 긍정적이고 반가운 일이다.

하지만 아이를 낳고 키우는 일은 한 개인의 삶에서 인생의 황금기라 할 만한 청년기에 시작되는 20년 이상의 장기 프로젝트다. 과연 작금의 지원과 대책들이 아이를 낳고 키우는 일에 대한 막중한 책임과 무게, 한 개인이 온전히 떠안아야 하는 희생과 부담을 얼마나 덜어줄 수 있을지는 솔직히 의문이다.

일하며 아이를 키운 지난 15년 동안 내가 경험한 워킹맘, 맞벌이 가정의 육아 현실은 오로지 개인의 선택이자 문제였다. 일터에서도, 보육과 교육 현장에서도 워킹맘과 맞벌이 가정에 대한 실질적 배려와 혜택은 기대할 수 없었다.

오히려 육아 대신 자기 일을 선택한 엄마라는 은근한 질책의 눈길, 맞벌이 가정이기에 경제적으로 더 윤택할 거라는 편견, 그로 인해 더 큰 비용과 희생을 감수하고 감당하는 걸 당연시하는 태도를 수없이 경험했다.

일과 육아를 병행한다는 이유로 배려를 가장한 역차별에도 숨죽여야 했지만, 묵묵히 참고 견디는 수밖에 없었다. 아이를 키우는 내내 워킹맘으로서 사회와 조직은 물론 엄마들의 커뮤니티에서조차 미운 오리 새끼가 된 듯 철저히 혼자였다.

한 아이를 키우려면 온 마을이 필요하다는 아프리카 속담처럼, 한 생명을 키우는 일은 부모는 물론 학교, 회사, 지역 사회 그리고 국가 차원의 막대한 품과 지극한 정성이 필요하다.

그럼에도 아이를 낳고 키우는 일은 오직 개인의 선택이고 몫인 듯 치부하고 모른 척하더니 돌연 이 사회를 위해, 이 나라를 위해 마땅한 역할을 다하라고 하는 건 폭력이고 강요가 아닐까?

○ 살아남아 성장하겠다는 엄마의 다짐 앞에서

예전에는 이해할 수 없었던, 내 아이만 위하는 일부 부모들의 이기심마저 어느 정도 이해될 정도로 힘들고 억울한 순간이 많았던 게 사실이다.

어디에도 의지할 곳 없는 독박육아의 현실, 게다가 일터에선 몸과 마음이 자유롭지 못한 워킹맘이라는 핸디캡을 갖고 끝없이 나를 증명해야 하는 현실은 고단하고 고달프다.

그럼에도 불구하고 환경과 제도를 탓하고 있을 수만은 없는 노릇이었다. 당장 아이를 입히고 먹이는 건 눈앞의 현실이고, 거대 담론에 내 삶을 맞출 수도 기댈 수도 없다는 걸 이미 잘 알고 있었기 때문이다.

워킹맘의 현실을 알았든 몰랐든, 내가 선택한 삶이다. 이제부터 내 삶은 곧 한 아이의 삶이고 미래가 될 것이므로, 지금 이 순간 내가 할 수 있는 최선의 노력은 그저 지금의 현실에 적응하며 최선을 다하는 것뿐이다. 시간도 선택도 되돌릴 수 없고, 지금의 환경이 변하지 않는다면 남은 선택은 하나다. 나를 환경에 맞춰 변화시키는 것이다.

생물학이라는 단어를 처음 만든 18세기 프랑스 생물학자 장 바티스트 라마르크는 생물종이 환경의 영향을 받아 진화한다고 주장했다. 이론의 신빙성과 과학적 근거를 떠나, 내 개인적인 삶의 여정에 비춰볼 때 라마르크의 주장은 옳다.

　워킹맘의 척박한 환경에서 살아남고자 예전의 나로선 상상조차 할 수 없는 강인한 정신력, 인내력과 투지력, 그리고 지구력을 장착한 슈퍼 워킹맘으로 변화하고 진화했으니 말이다.

　히어로 무비의 주인공이 시련과 고난이라는 장치로 정체성과 삶의 목적이 180도 다른, 전혀 새로운 DNA를 가진 사람으로 변신하듯, 나 역시 우물 안이 세상 전부인 줄 알고 날뛰던 어리석고 이기적인 개인주의자에서 가족과 지역 사회는 물론 내 아이가 살아갈 미래를 위해 지구 환경까지 생각하는 공동체의 구성원으로 성장했다. 천지개벽 수준의 변신이 아닐 수 없다. 여자는 약하지만 엄마는 강하다는 고리타분한 옛말의 참 의미를 비로소 깨닫는다.

　누구도 엄마로 태어나지 않는다. 모성애 또한 생득적인 특질이 아니다. 다만 우리에겐 수백만 년에 걸친 진화 과정을 하루아침에 바꿀 능력이 있고, 엄마가 되어 육아라는 고난과 시련을 경험하며 마침내 놀라운 능력을 발견하고 잠재력을 발굴하는 것뿐이다.

　그때가 바로 한 인간에서 엄마로 진화하는 '엄마 탄생(A mom is born)'의 순간이 아닐까 싶다. 어떤 환경에 처하든 '성장하겠다'는 목표를 잡고 '살아남겠다'고 다짐하는 순간 우리의 DNA는 변하고 진화는 시작된다.

○   어른이 되기 위해
어른아이가 해야 할 질문

30대 시절을 꼬박 워킹맘으로 살았다. 어둡고 긴 터널을 홀로 걷는 듯 아득한 시간이었다. 친구들에 비해 다소 이른 결혼과 출산으로 육아와 일을 병행하며 세상에서 홀로 동떨어져 나온 듯 박탈감을 느꼈다. 여전히 자유롭고 청춘의 삶을 마음껏 즐기는 듯 보이는 또래 친구들을 보며 내가 처한 현실이 한심하고 딱해 후회와 원망의 마음이 컸다.

이 어두운 터널에 끝이란 게 있을까? 빛이 보이는 터널의 끝에 영영 가닿지 못할 것만 같아 두렵고 조급한 마음에 불안감을 키우며 스스로를 괴롭힌 날들이었다. 돌아보면 몸은 성인이 되었지만 마음은 여전히 미성숙했다. 아이도 어른도 아닌 어른아이였다.

부모가 된다는 건 자기 삶조차 챙길 능력이 없는 어른아이가 자신의 선택에 책임지고 다른 이들의 삶을 돌보며 서서히 자신의 정체성을 알아가 삶의 주체로 성숙해가는 진정한 자아 독립의 여정이 아닐까 싶다.

일터에서 서른 살 초반의 후배들을 보면 어찌나 어리고 앳돼보이는지, 언젠가 맞이할지 모를 워킹맘의 고단한 현실을 생각하면 벌써 애틋한 감정이 올라온다.

물론 시대도 환경도 바뀌었고 지금 세대는 15년 전 워킹맘의 삶을 막 시작한 어리숙했던 나와는 전혀 다르다는 걸 모르지 않는다. 지금의 그들은 훨씬 똑똑하고 야무지게 자신의 인생을 계획하고 선택할 거란 것도 잘 안다.

최근의 결혼율, 출산율, 이혼율이 좋은 반증일지도 모른다. 한 번뿐인 삶에 최선을 다하기 위한 나름의 선택일 테니 그런 추세에 대해선 긍정도 부정도 할 수 없다.

그럼에도 선배, 꼰대, 낀 세대로서 해주고 싶은 말이 있다. 지금 그들은 전혀 상상할 수 없는 삶이 존재한다는 것, 어떤 선택이든 선택의 결과보다 선택한 삶을 어떻게 살아내는가가 더 중요하고 또 결과적으로 훌륭한 선택이란 것이다.

공주와 왕자 동화보다 훨씬 더 단순한 기승전 입시와 취업이라는 세상에 살던 어른아이는 결혼이라는 문만 통과하면 이야기의 끝, 영원한 해피엔딩을 맞는 줄로만 알았다. 그러나 어른아이가 도착한 곳은 앨리스가 떨어진 토끼굴 속 이상한 나라처럼 상상조차 해보지 못한 결혼과 육아라는 이상한 나라였다.

이상한 나라에서 길을 잃고 헤매던 앨리스는 나무 위 고양이에게 어디로 가야 하느냐고 묻는다. 고양이는 답한다. 어디로 가길 원하는지에 달렸다고.

입시와 취업 이후의 삶에 대해, 어떤 삶을 만들어가고 싶은지 진지하게 고민해보지 않았다. 그저 흘러가는 대로 살면 되는 줄 알았다. 질문 없는 삶에는 당연히 답도 없다는 사실을 모른 채.

결혼과 출산, 육아가 가져올 삶의 큰 변화에 대해 학교에서도 책에서도 가르쳐주지 않았다고, 가르쳐주지 않았으니 몰랐다고, 몰랐으니 상상할 수 없었다고 핑계를 대며 내내 억울해하고 원망했다. 어디로 가야 하느냐고, 왜 답을 알려주지 않느냐고, 어서 빨리 답을 내놓으라고 따지기만 했다.

그러나 이 모든 게 성인으로서 내 선택이고 책임이었다는 걸 이젠 알고 있다. 혼자 똑똑한 척 살아왔지만, 어디로 가길 원하는지 내 삶에 대한 진지하고 구체적인 계획 하나 만들지 못했기 때문이란 걸 말이다. 그러니 이제 질문을 먼저 해야 한다.

'나는 어디로 가길 원하는가?'

○ 내 아이가 나를 성숙한 어른으로 키웠다

육아의 첫 10년, 워킹맘의 삶을 시작하고 보낸 10년이라는 시간은 어른아이였던 나를 어른으로 성장시킨 진정한 '수업 시대'였다. 한 인간으로서 성숙해지고 나다운 모습으로 살아가기 위한 준비의 시간이기도 했다.

아이가 없었다면 결코 경험하지 못했을 삶의 다양한 이면과 마주하고, 인생의 희로애락을 순도 100%로 맛보고 체험하며 진짜 인생

공부를 했다. 아이를 낳고 키우며 내가 선택한 삶의 무게를 온전히 내 힘으로 감당했다. 부모로서의 의무와 헌신을 기꺼이 감당하고, 내가 누구인지 또 어디로 가고 싶은지 묻고 답하며 조금씩 내 삶의 정체성을 가진 어른이 되어갔다.

아이를 키우며 흘린 땀과 눈물의 짜고 쓴 맛을 본 뒤에야 생 앞에 겸손해지고 범사(凡事)에 감사함을 배웠다. 그렇게 조금씩 내 몸에 맞는 어른의 옷을 갖춰 입으며 성장하고 어른이 되어가는 게 진정한 삶의 모습이 아닌가 싶다.

다 때가 있다는 옛 어른들 말씀처럼, 아이를 낳고 키우며 처음으로 내가 원하는 삶을 구체적으로 그리기 시작했으니 육아의 첫 10년을 돌이켜보면 내가 내 삶의 진정한 주인으로 거듭나기 위한 진짜 성장기였는지도 모르겠다고 생각한다. 그러고 보니 나를 낳고 키운 건 부모님이지만, 나를 어른으로 만들고 성숙한 인간으로 키운 건 내 아이였다.

아르투어 쇼펜하우어는 '삶은 고통'이라고 말했다. 『의지의 표상으로서의 세계』에서 그는 인간의 의지가 본능적인 욕망과 욕구에 뿌리를 두고 있기에, 의지를 다지며 살아가는 인간의 삶에는 필연적으로 고통과 불만이 초래되며 고통에서 벗어나기 위한 노력은 대부분 실패할 거라고 했다.

그렇다면 삶의 의지를 꺾으려 달려드는 온갖 시련과 고난, 그 때문에 겪어야 하는 뼈아픈 고통, 고통에서 벗어나려 발버둥 치며 노력하는 시간이 모두 무소용이란 말인가?

　그렇진 않을 것이다. 고통에서 벗어나고자 하는 모든 노력이 결국 무참한 실패로 끝날지라도, 그 시간을 통해 조금은 더 성숙해지고 경험을 통해 깨달으며 더 단단해진 내가 남았으니 삶에서 완전한 실패는 없는 게 아닐까?

　또한 크고 작은 시련과 고난은 나의 지극한 현실을 자각하고 직면하게 한다. 덕분에 내 안의 성장 욕구를 발견하고 더 나은 삶을 향한 의지와 전투력을 상승시키기도 한다. 나라는 칼날을 날카롭게 벼릴 계기를 만나고 나라는 그릇을 키울 기회를 얻었다면, 삶의 긴 호흡으로 봤을 때 값을 따질 수 없는 소득일 것이다.

　달콤 씁쓰름한 초콜릿 같은 시련과 고통에서 삶의 의미를 찾고 나아가 성장의 동력으로 삼는다면 삶에서 완전한 실패도, 전적으로 나쁜 시련도 없다고 말할 수 있지 않을까?

　어느 날 또다시 시련과 고난이 내 방문을 두드린다면 두려워하지도 도망치려 애쓰지도 않을 것이다. '대체 왜 또 찾아온 건데? 왜 나한테만 이러는 건데!'라며 볼멘소리를 내뱉을 수는 있겠지만 기꺼이 방문을 활짝 열어주고 정면으로 마주할 것이다.

　무법자처럼 들이닥쳐 온 방을 제집처럼 차지하고 앉은 시련과 고난이 제풀에 지쳐 스스로 방문을 열고 나갈 때까지 '이 또한 지나가리라'를 되뇌며 나 또한 내 방에서 버티고 견딜 것이다. 그렇게 삶을 계속해서 살아갈 것이다.

기실 내 의지와 욕망이 불러들인 시련과 고통, 노력의 3종 세트를 연마제 삼아 무뎌진 칼날을 다시 날카롭게 벼리며 '잘 봐, 나를 키운 건 팔 할이 시련이었어!'를 외칠 것이다.

내가 지금 서 있는 여기에서부터 새롭게, 다시 시작하겠다는 마음으로 시련이 지나갈 때까지. 시련의 끝에 닿을 때까지 시련과 고통이 내게 찾아온 의미를 찾으며 지금 이 순간을 기어코 지난날의 추억으로 만들 것이다.

돌이켜보면 득도 많았다. 시련 덕분에 삶의 깊이와 넓이를 배웠고, 결핍 덕분에 내 안의 잠든 욕구를 일깨웠으니 말이다. 흔들림 속에서 점점 더 단단해지고, 아픔과 고통 속에서 지혜와 통찰을 얻으며 나만의 색과 모양을 갖춘 '나다움'의 모습으로 성장할 수 있었다.

현재에 집중하며 한계를 넓혀가고, 그리하여 시련의 시간이 나를 다듬고 담금질하며 키워가는 수련의 시간이 되도록 만들고야 마는 것. 그것이 바로 '나'라는 사람의 고유한 정체성을 가진, 나다운 삶이자 내 의지로 지속 성장하는 삶의 모습이리라.

인생을 산다는 건 결국 태도의 문제일지 모른다. 삶에서 겪는 다양한 시련과 고통을 성숙한 삶을 위한 성장통이라 생각하고, 삶이란 나라는 사람의 성장 소설을 의미 있게 만드는 여정이라 생각한다면 그 또한 의미 있는 과정일 테니 말이다.

○　정약용의 유배에 견줄 만한
　　　엄마의 육아

출중한 학문과 재능으로 정조의 총애를 받았던 정약용은 정조의 갑작스러운 승하 후 정권을 독점한 노론 벽파의 모함과 견제로 전라도 강진에서 18년간 유배 생활을 한다. 인생의 황금기에 맞은 끝을 알 수 없는 유배라는 시련과 가족으로부터 격리된 채 보낸 결핍의 시기는 그러나 정약용의 삶을 파괴하지도 무너뜨리지도 못했다.

그는 학문에서 삶의 의미와 살아야 할 이유를 찾은 듯하다. 유배 기간 학문에 몰두해 『목민심서』 『경세유표』 등 수백 권에 이르는 방대한 저작을 남기고 실학을 집대성한다. 결과적으로 18년의 시련과 결핍의 유배 시기는 정약용으로 하여금 학문에 몰입하며 역사에 길이 남을 대학자로 성장하는 원동력이 된 셈이다.

삶은 계속 변하고 당장 내일 어떤 고난과 역경이 닥칠지 예측할 수 없다. 또 인생사 새옹지마라는 고사성어처럼 행운이라 생각했던 일이 불운을 가져오기도 하고, 불행하다고 생각했던 시간이 나를 단련하고 성장시킨 행운과 축복의 시간이 되는 경우가 꽤 많이 또 자주 일어난다.

한 생명을 낳고 키우며 육아에 집중해야 하는 엄마의 시간은 아이가 대학에 들어갈 무렵까지의 약 20년이다. 지금 난 그 3/4 지점을 지나고 있다. 엄마라는 이름과 역할 속에 내 진짜 이름, 내 진짜 삶은 완전히 사라진 듯 느껴졌던 육아 원더랜드에서의 15년은 분명 길고 고된 시련과 결핍의 시간이었다.

엄마의 20년을 정약용의 18년 유배 생활에 견주는 이유는 비단 시간의 길이가 유사하기 때문만은 아니다. 엄마로 살아가는 우리 역시 정약용처럼 길고 고된 시련과 결핍의 시간을 삶의 진정한 의미와 가치를 발견하고 더 큰 성장과 발전을 위한 티핑 포인트로 만들 수 있다고 믿기 때문이다. 더불어 그 시간을 엄마의 20년보다 더 길고 오래 지속될 남은 삶의 성장과 발전을 위한 준비의 시간으로 만들지 여부는 오로지 내 선택이고 몫이다.

그래도 우리는 정약용의 기약 없는 18년 유배 생활이 아닌 끝이 정해진 기약 있는 20년이지 않은가? 그러므로 중요한 건 지금 무엇을 겪고 있는지가 아니라, 고통이 얼마나 극심한지가 아니라 시간과 고통을 어떻게 겪어낼 것인지 오늘 나의 태도를 선택하는 것이다.

삶의 긴 흐름에서 본다면, 지금은 내 삶의 한 시절일 뿐이라는 걸 기억해야 한다. 힘들면 힘든 대로, 행복하면 행복한 대로 내가 두 발 딛고 서 있는 이곳에서 도망치지 않고 계속해서 나아간다면 어느 날 반드시 끝에 닿을 것이다.

당신 머릿속에 있는 삶의 지도를 펼쳐 지금 걷고 있는 여정의 시작과 끝 지점을 확인해보라. 종이를 한 장 꺼내 그려봐도 좋다. 언젠가 닿을 끝 지점을 생각하며 긍정의 힘으로 오늘을 살아보자. 그렇게 지금의 시간을 충실하고 충만하게 살아낼 때 진짜 내 것이라 말할 수 있는 삶의 모습이 완성될 것이다.

그것이 비록 결핍의 경험일지라도 계속 쌓아 올리다 보면 언젠가는 누구도 함부로 할 수 없는 나만의 고유한 힘, 나만의 날카로운 칼날이라는 고수의 내공이 될 거라고 믿는다.

시간을 내 편으로 만든다는 건, 세월을 내 편으로 만든다는 건 그런 게 아닐지 생각한다. 아스팔트를 뚫고 올라오는 들꽃처럼, 진흙 속에서도 맑은 꽃잎을 피워내는 연꽃처럼, 환경에 굴하지 않고 내 안의 굳센 의지를 발현해 나다움의 색과 모양의 꽃을 피워내는 시간, 그게 바로 엄마의 20년이다. 그리고 그 20년을 어떻게 겪어냈는지가 다음 20년을 만들 것이다.

○ 일, 육아, 성장에서 프로가 되는 법

중고등학교 시절의 가정, 가사 수업에서도, 대학교 여성학 수업에서도 이 시대 여성의 진짜 삶을 배우지 못했다. 오히려 시대에 뒤떨어진 교육을 받으며(이를테면 중학교 때 가정 실습 과제가 한복 저고리 만들기였다) 여성의 삶에 대한 부정적인 인식만 키웠다.

나의 삶은 그런 틀에 박히고 고리타분한 것과는 다를 거라는 다소 오만한 생각도 했더랬다. 실상 교육은 현실을 앞서기 어렵고, 개개인의 삶을 교육받을 수 없는 노릇인지도 모른다. 그러니 내 자신이 선생이고 학생인 독학일 수밖에 없다.

교육에선 남녀 차별이 없는 듯 보였지만, 조직과 사회에선 가부장적인 위계와 남녀 차별이 존재하는 시절을 지나왔다. 일터의 여성들은 프로답지 못한 행동이라는 듯 모성애와 여성성을 감추기 바빴다. 아이를 키우고 일하는 여성의 삶에 대해선 여성들도 말을 아꼈다.

'그녀는 프로다, 프로는 아름답다'라는 광고에서처럼 근사하고 멋진 비즈니스 슈트를 갖춰 입으며 매력적이고 멋진 프로의 삶을 꿈꿨지만, 현실은 프로도 아마추어도 아닌 그 사이 어디쯤에서 방황하고 있었다. 이상은 높았으나 현실은 낮았고, 그 현실조차 이겨낼 힘도 의지도 없었다.

여성, 게다가 워킹맘이라는 핸디캡을 가진 채 이미 기울어진 운동장에서 왜 이렇게 힘들게 뛰어야 하는지 감히 묻지도 따지지도 못하고 열심히 달렸다. 같은 처지의 동료조차 '우리'가 되지 못했고, 누가 그었는지도 모를 각자의 레인에서 조금이라도 벗어나면 큰일 나는 줄 알고 발아래만 뚫어져라 쳐다보며 달리기에 바빴다. 늘 누군가의 시선을 의식하면서.

어디에서도 배운 적 없는 워킹맘의 삶. 준비 없이 시작했지만, 일도 육아도 내 성장도 모두 잘 해내고 싶었다. 일에서 프로의 삶을 추구하듯, 워킹맘의 삶 역시 아마추어로 남고 싶지 않았다.

세상에 태어난 작고 소중한 생명체를 잘 키워내야 한다는 책임감,

누구에게도 의지할 수 없는 절박하고 각박한 현실을 스스로 헤쳐나가야 한다는 부담감, 일터에선 물론 엄마의 삶에서도 프로가 되고 싶다는 바람으로 뒤늦게 허겁지겁 공부를 시작했다. 육아서를 찾아 읽고 강연을 찾아다니며 롤모델과 멘토를 찾았다.

하지만 어디에서도 롤모델과 멘토를 찾을 수 없었다. 애당초 그런 건 없었는지도 모른다. 아이를 훌륭하게 키워낸 육아 선배들은 대부분 전업맘이거나 자의든 타의든 경력을 중단한 여성들이었다.

그들이 제시하는 육아 정답은 지나치게 이상적이었고, 워킹맘의 현실과는 상당한 괴리가 있어 더 큰 좌절을 맛보기도 했다. 그들이 제시한 해답대로라면 난 아이에게 가장 중요하다는 첫 3년간 온전히 아이 옆에 있어 주기 위해 회사를 관둬야 했다. 아이가 원할 때까지 잠들지 않고, 이미 열 번도 넘게 읽은 책을 백 번이고 천 번이고 밤새 신나게 읽어줄 수 있어야 했다. 그렇게 하지 못하는 난 모성애가 부족하고 자신밖에 모르는 이기적인 엄마였다.

지금이라도 아이를 위해 회사를 관둬야 할까, 미안함과 죄책감에 하루에도 수십 번씩 갈등했다. 이대로라면 육아도 회사 일도 모두 망칠 거라는 불안감이 엄습했다. 반면 일터에서 만난 워킹맘 선배들은 두 부류로 나뉘었는데, 회사 일은 기계적으로 하고 육아에 더욱 몰두하거나 그 반대였다.

문제는 회사에서 인정받고 승진 가도를 달리는 선배들은 대부분 후자에 속한다는 것이었다. 그들은 가족의 도움을 받아 독박육아에서 다소 자유롭거나 입주 육아도우미를 고용해 회사에서의 시간을 더욱 자유롭게 활용하는 듯 보였다.

그들은 내가 아이 문제에 너무 연연하고 유난하다며 은근히 질책했다. 모든 걸 다 가질 순 없으니 일이든 육아든 하나는 포기할 줄도 알라고 내 욕심을 탓했다. 그 말에는 아이를 위해 자신을 희생하는 건 무능력해 보인다는 조언 아닌 조언도 담겨 있었다. 그들은 정말 잘 해내는 듯 보였다.

하지만 내겐 아이도 일도 내 성장도 모두 똑같이 소중했다. 세 가지 중 어느 것 하나 포기하고 싶지 않았다. 나와 아이를 위해 무엇이 올바른 길인지, 어떻게 사는 게 맞는지 알 수 없지만 분명해지는 건 하나 있었다. '일도 육아도 내 성장도 모두 놓지 않겠다! 힘들지만 모두 함께 가겠다!' 내 안의 난 이미 마음을 먹었다는 걸 깨달았다.

워킹맘에게 죄책감이 원죄와도 같은 거라면, 아무리 애를 쓰고 노력해도 그들이 말하는 해답에 이를 수 없다면, 차라리 내 방식대로 가보자고 결심했다. 롤모델과 멘토가 없다면 없는 대로 가자, 내가 내 삶의 롤모델이자 멘토가 될 수도 있을 것이다.

오랫동안 나다움을 찾고, 나답게 사는 걸 고민하던 내가 오직 육아에서만 그러지 않을 이유가 없지 않은가. 일터에서도 더 이상 위축되지 말자. 워킹맘의 경험과 노하우가 나만의 강점이 될 수 있을 거라 생각하며 스스로를 응원했다. 그래, 나는 나만의 길을 가겠다!

○ 나야말로
내 인생의 진짜 전문가

마음이 한결 가벼워졌다. 더 이상의 비교와 선택의 고민은 무의미했다. 마음은 이미 정해졌고 결심도 섰다. 이제부턴 나만의 방법을 찾아 나아가면 된다.

생각해보면 경험도 제법 쌓았고 꽤 많은 길을 걸어왔다. 좌충우돌하며 울면서 왔지만 이미 나만의 길을 닦고 있었다. 그렇게 걷다 보니 길이 만들어지는 것이지 누군들 처음부터 확실한 길을 알고 나아가겠는가?

지금까지의 삶처럼 육아도, 일도, 성장도 나다움으로 나답게 사는 길을 찾으면 될 일이다. 삶의 최종 목적지로 가는 데 길은 하나가 아니므로 각자의 길을 찾아가면 그뿐이다.

길이 없다면? 지금부터 만들어가면 된다. 목적지가 보이지 않는다면? 계속 걷다 보면 서서히 보일 테니 걱정 말고 계속 가라. 그렇게 한 걸음 한 걸음 걷다 보면 우회로를 돌게 될지도 모르지만 그 또한 경험이고 그렇게 나만의 길이 만들어지고 있다는 걸 믿고 가자.

물론 나만의 길을 만드는 건 의지와 실행만으로 되는 게 아니다. 끊임없이 배우며 타인의 노하우를 학습하고 새로운 지식도 빠르게 받아들여야 한다.

책에서 고작 몇 쪽, 강연의 고작 몇 분일지라도 워킹맘의 현실에 맞고 실행할 수 있는 내용을 골라 내 것으로 만들어야 한다. 이 길에 있어선 내가 창업자이자 CEO라는 마음가짐으로 새롭게 창조하며 나아가야 한다.

때론 현실을 바꾸는 시도를 하며 나만의 길을 만들어갔다. 육아 공부는 해도 해도 모자랐고 나만의 육아 노하우를 활용할 새도 없이 아이는 훌쩍 자라 육아의 다음 단계에 가 있곤 했지만, 나만의 길을 걸어온 덕분에 수많은 흔들림과 좌절 속에서도 독박육아의 15년을 무사히 지낼 수 있었다.

실수투성이, 후회투성이일지라도 내가 만들어온 온전한 내 길이란 자부심은 다가올 삶의 여정에서 자신 있게 나만의 길을 뚫고 나갈 힘이 되어준다.

또 새로운 지식을 습득하기 위한 공부는 육아서에서 심리학으로, 뇌과학과 철학으로 관심사를 확장하며 일과 육아에 함몰되었던 내 좁은 시야를 조금씩 넓혀줬다.

덕분에 시대적 흐름을 놓치지 않을 수 있었다. 절박함에 지푸라기라도 잡는 심정으로 시작한 공부가 진짜 내 것이랄 수 있는 공부가 되었고, 일에서도 성장에서도 나만의 길을 더욱 단단하게 만들어주는 버팀목이 되었다.

세상 어디에서도 나의 현실에 딱 맞는 맞춤형 솔루션, 이상적 롤 모델, 내 삶을 구제해줄 멘토는 없다. 나와 내 아이를 가장 잘 알고 진심으로 아끼고 걱정하며 우리를 위한 올바른 길을 찾을 수 있는 사람은 다른 누구도 아닌 바로 '나'다. 나야말로 내 인생의 전문가다.

파랑새를 찾는 긴 여행 끝에 그토록 애타게 찾던 파랑새가 바로 우리 집에 있다는 걸 알아챘다는 동화처럼, 이제 그만 밖에서 답을 찾자. 답은 이미 내 안에 있다. 내가 발견해주길 기다리며.

환경에 적응하며 슈퍼 워킹맘으로 변화하고 진화했듯 육아, 일, 성장에서 나만의 길을 개척하며 진정 내 삶의 프로로 거듭나보자!

내 삶의 핵심 가치 찾기

삶의 선택과 행동의 이면에는 핵심 가치(Core Values)가 놓여 있다. 핵심 가치 우선순위를 확인하며 지난 선택과 행동의 이유를 이해하고 다가올 삶에서 명확하고 합리적인 의사 결정의 기준으로 활용할 수 있다.

1. 종이 위에 3x3(9칸) 상자를 그린다. 각 칸에 가장 중요하다고 생각하는 가치를 적는다. 깊이 생각하지 말고 생각나는 대로 자유롭게 적어보자.

〈가치 리스트〉

- 개인적 가치: 행복, 건강, 사랑, 관계, 성장, 성숙, 자아실현, 지식, 창의성, 자유, 성취감, 안정, 재미, 자존감, 용기, 희생, 연민, 감사, 배움, 가족, 안락한 생활, 자아 존중, 사회적 인정, 지위, 직위, 진실한 우정, 지혜 등
- 사회적 가치: 평등, 자유, 정의, 평화, 환경보호, 공정성, 연대, 참여, 다양성, 소속감, 책임감 등
- 환경적 가치: 지속 가능성, 자연 보호, 생태계 보전, 기후 변화 대응, 자원 절약, 에너지 효율성, 재활용, 제로 웨이스트 등

---

2. 아홉 개의 가치를 모두 적었다면, 우선순위가 낮은 세 개의 가치를 지운다.

3. 남은 여섯 개의 가치 중 우선순위가 낮은 세 개의 가치를 다시 지운다.

4. 이제 세 개의 가치가 남았다. 다시 두 개의 가치를 지운다.

5. 마지막 남은 가치는 무엇인가? 당신이 마지막까지 포기하지 못한 그것이 당신이 삶에서 가장 중요하게 생각하는 핵심 가치다.

   가장 마지막까지 남겨둔 가치가 무엇일지 궁금하다. 삶에서 중요시하는 가치와 우선순위를 이해하면, 목표와 방향을 설정하고 중요한 의사 결정을 하는 데 도움이 될 것이다. 예를 들어 마지막에 남은 가치가 '행복'이라면 삶에서 가장 중요한 가치는 행복이다. 따라서 행복을 추구하고자 노력하고 행복하기 위한 삶의 목표를 설정할 수 있으며 중요한 결정의 순간에 행복하기 위한 선택을 내릴 수 있다.
   나의 최우선 핵심 가치는 '존엄성'이다. 돌이켜 생각해보니 존엄성을 지키고자 무모한 선택을 하기도 했고 존엄성이 지켜지지 못하는 환경에 처했을 땐 큰 고통을 받았다. 지난날 수많은 선택이 존엄성을 지켜내는 쪽으로 기우는 경우가 많았다는 걸 비로소 이해할 수 있었다.

6. 한 가지가 더 남았다. 지운 순서대로 핵심 가치 우선순위를 1번부터 9번까지 정리해보자. 가장 나중에 지운 것부터 역순으로 적다 보면 삶에서 중요하게 생각하는 핵심 가치를 명확히 파악할 수 있다.

   핵심 가치를 정리하니 어떤 생각이 드는가? 삶의 핵심 가치를 적어 내려가다 보면 삶의 많은 순간 의식하지 못했던 때조차 핵심 가치들이 작용했다는 걸 알 수 있다.
   자신의 핵심 가치 우선순위를 알아둔다면 앞으로 다가올 수많은 선택의 순간, 갑작스레 닥친 어려운 상황에서 태도와 방향을 정하고 보다 합리적인 의사 결정을 하는 데 도움이 될 것이다. 또 고민의 순간 핵심 가치를 지켜내는 선택을 하다 보면 어느덧 내면의 소리에 귀를 기울이고 있을 것이다. 그렇게 스스로를 존중하는 삶이 시작될 때, 가족과 주변 사람들의 가치를 존중하며 슬기롭게 공존하는 힘 또한 생겨날 것이다.

3장

마흔의 성공에
이르는
나만의 비법

○ 하루 24시간을
   내 편으로 만드는 법

'내 삶의 성장 멘토는 바로 나' '경험이 내 인생의 진짜 스펙'이라고 외치며 자신만만하게 나만의 길을 향한 의지를 불태웠지만 일과 육아를 병행하는 삶은 결코 만만하지도 호락호락하지도 않다.

아이가 갑자기 아프거나, 육아도우미가 갑자기 출근을 하지 못하거나, 회사에서 미팅이 길어져 퇴근이 늦어지거나, 일찍 퇴근하기로 한 남편이 갑자기 회식이 잡혔다거나. 어떤 날은 그 모든 일이 동시다발적으로 일어나기도 한다.

내 뜻대로 되지 않는 일의 연속이다. 시간 부족, 정보 부족, 기동성 부족이라는 삶의 로드블록(Roadblock)은 수시로 길을 막아서며 가뜩이나 힘든 삶에 더 큰 시련을 안긴다.

하루 24시간이 모자란 워킹맘에게 가장 큰 시련인 동시에 반드시 극복해야 할 숙제는 바로 '시간' 그 자체다. 모두에게 똑같이 주어지는 하루 24시간이 차별처럼 느껴진다. 갖은 애를 쓰고 온갖 묘수를 부려봐도 야속한 시간은 한 치의 오차도 없이 지나가버리며 내 모든 계획과 의지를 무참히 짓밟기 일쑤다.

계속해서 부족한 시간을 탓하고만 있을 텐가? 이제부터라도 시간을 경영하고 관리하며 내 편으로 만들어보자.

삶의 성장 지도 & 육아의 로드맵

회사에서 내가 맡은 가장 중요한 업무는 당사의 비즈니스 로드맵에 맞춰 팀의 중장기 전략을 세우고 연간 운영 계획에 맞춰 크고 작은 프로젝트를 기획하고 운영하는 일이다.

프로젝트 성공의 관건은 팀과 회사 전체 비즈니스 로드맵의 큰 흐름을 알고 프로젝트 진행 과정에서 발생할 수 있는 각종 돌발 상황과 위기 상황에 철저히 대비하며 예산, 자원 등을 세밀하게 관리하는 것이다.

거시적인 흐름을 보는 넓은 시야와 디테일을 놓치지 않는 미시적인 관리 그리고 운영까지 어느 하나도 놓쳐선 안 된다. 그러기 위해선 매일같이 프로젝트 운영 계획안을 들여다보며 전체적인 방향성과 프로세스를 점검하고 프로젝트를 꿰뚫어 보고 있어야 한다.

하지만 정작 내 삶에선 어땠는가? 부서의 연간 운영 계획표와 비용 관리는 눈 감고도 외울 지경이었지만, 내 삶에선 계획도 관리도 없었다. 너무 바빠 계획하고 정리할 시간이 없다는 핑계를 댔지만, 솔직히 말하면 귀찮았다. 어디에서부터 어떻게 해야 할지 몰랐던 것도 사실이다.

해결 방법은 간단하다. 회사 프로젝트를 운영하듯 내 삶의 성장 지도를 그리고 육아의 로드맵을 매핑하고 시기별 필요 사항과 우선순위를 정리해 경영하고 관리하면 된다. 계획 단계가 다소 길고 어렵게 느껴질 뿐 한 번 만들어놓으면 업데이트는 한결 쉽고 빠르다.

특히 워킹맘에게 시간은 자산보다 귀중한 자원이므로 내 손에 틀어쥐고 철저히 관리하는 방법 외에는 별다른 수가 없다. 부모로서 양육에 집중해야 하는 시기는 아이가 태어나 대학에 입학할 무렵까지 약 20년이다. 결코 짧다고 할 수 없지만 삶의 성장 지도에서 본다면 한 시절에 불과하다. 충분히 계획할 수 있다는 뜻이다.

삶은 늘 변하고 내 뜻대로 되지 않는 일이 더 많으므로 완벽한 인생 계획은 애당초 불가능하다는 걸 기억하자. 그저 매일 삶의 성장 지도와 육아의 로드맵을 들여다보고, 삶의 시기별 운영 계획안을 계속해 수정하고 보완하며 삶의 흐름에 맞춰 때론 기다리고 때론 멈추고 때론 전속력으로 달려갈 뿐이다.

삶의 시기별 우선순위

한정된 예산과 자원의 효율적 배분을 위해선 삶의 시기별 우선순위를 잘 파악해야 한다. 육아에서도 엄마의 시간이라는 인적 자원이 우선해야 하는 시기가 있고, 금전적 자원의 투입이 좀 더 필요한 시기가 있기 때문이다.

아이가 태어나 첫 3년은 육아의 전 시기를 통틀어 엄마(부모)의 역할이 가장 중요하다고들 말한다. 일부 육아서에선 퇴직을 감수하더라도 아이가 태어난 첫 3년은 아이 돌봄에만 집중하라고 강조할 만큼 아이의 신체적, 정서적 발달에 매우 중요한 시기라는 데는 이견이 없다.

하지만 1년의 육아 휴직조차 제대로 사용하기 힘든 현실은 차치하더라도 한창 일하며 성장해야 할 시기에 3년의 경력 중단은 커리어의 사형선고처럼 느껴지는 게 사실이다. 설령 육아 휴직이 가능하다 해도 아이를 키우며 늘어나는 소비 지출은 이제 막 가정을 일구기 시작한 젊은 부부에게 큰 부담이 아닐 수 없다.

아이 돌봄, 커리어 관리, 미래를 위한 투자 등 육아의 첫 3년은 삶의 우선순위들 사이에서 머리를 쥐어짜며 일생일대의 선택을 반복해야 하는 도전의 나날임이 분명하다. 그만큼 고민도 갈등도 깊어지는 시기다.

육아의 첫 3년은 내 삶의 우선순위가 무엇인지, 지금 무엇을 해야 하는지, 무엇을 잠시 미뤄야 할지 도무지 알 수 없는 안갯속을 걷는 듯한 나날이었다. 일터에서 봐온 워킹맘 선배들은 대부분 워커홀릭이었다. 그들의 책상에는 가족사진조차 없었다. 남성 직원이 책상이나 컴퓨터 화면에 가족사진을 두면 가정적이고 일과 삶의 균형을 맞출 줄 아는 사람이라 말하지만, 여성 직원이 그러면 회사에서도 아이 생각만 한다고 여길지 모른다는 걱정과 우려 때문이었다.

사회생활을 시작한 후 스스로를 증명해야 한다는 압박감을 느끼며 살았다. 보직을 바꾸거나 새로운 시도를 할 때마다 바라보는 시선들 앞에서 위축되는 스스로를 느꼈고, 그럴수록 더욱더 스스로를 몰아붙였다.

워킹맘이라는 핸디캡까지 더해지니 자기 검열은 더욱 심해졌고 어느덧 나도 워커홀릭 워킹맘 대열에 들어서 있었다. 솔직히 아이 돌봄과 가정 살림에는 자신이 없고 그나마 할 줄 아는 게 열심히 일 하는 것뿐이니, 일터에서 살아남아 아이에게 경제적으로나마 윤택 한 삶을 제공하는 게 엄마로서 할 수 있는 최선이라고 생각했다.

계속해서 스스로를 증명하고 워킹맘의 핸디캡을 극복해야 한다는 압박감에 마음이 급해져 아이가 세 돌이 되기도 전에 경영대학원 입 학을 선택했다. 현실의 어려움과 미래에 대한 두려움에 자충수를 둔 것이다.

삶에 만약이란 없다지만, 그때 내 삶의 성장 지도와 육아 로드맵 이 있었다면 다른 선택을 할 수도 있을 거라고 생각한다.

삶의 긴 흐름에서 육아의 20년은 생각보다 길지 않다는 걸 알았다 면 조바심이 나더라도 첫 3년간은 다른 생각하지 않고 오로지 아이와 의 시간에 집중했을 것이다. 아이와의 시간을 위해 회사 업무를 조정 하고 대학원 입학은 10년 후쯤으로 미뤄 현재에 충실하며 때를 기다 렸을 것이다.

또 경제적으로 힘들더라도 1년의 육아 휴직을 모두 사용했을 것이 다. 필요하다면 경력의 일시적 중단과 소득 감소 또한 기꺼이 감 수했을 것이다. 삶의 우선순위를 아이와의 시간에 둔 채 미래에 대 한 불필요한 두려움은 잠시 묻어두고 온전히 즐겼으리라.

선택과 집중, 두 눈 질끈 감기

아이를 키우면서 대학원에 입학하는 걸 어떻게 생각하느냐며 조언을 구하러 찾아오는 후배들이 종종 있다. 이미 마음을 정한 뒤 조언을 구하는 경우가 대부분이다. 그들의 절박한 심정을 이해하고 내가 말린다 해도 결국 자신의 뜻대로 할 것을 알기에 말리기보단 향후 계획을 묻는다.

대학원 입학의 목적과 졸업 후 기대하는 바는 무엇인지, 2년이라는 시간 동안 일-육아-학업의 병행 시스템을 어떻게 운영할 것인지 등 구체적이고 현실적인 준비와 계획을 묻는다.

문제는 대부분 답이 딱히 없다는 것이다. 답이 딱히 없는 바로 그 지점이 고민이라고들 말한다.

10여 년 전의 내 모습 그대로다. 막상 닥치면 어찌어찌 해낼 수는 있을 것이다. 하지만 득보다 실이 많은 선택이라는 걸 모르지 않기에 고민하는 것일 테다.

우리 뇌는 상황이 절박하고 불안감이 높을수록 터널 시야가 된다고 한다. 내가 가는 여정을 여러모로 살피지 못하고 자꾸만 더 힘든 상황으로 스스로를 몰아가고 있는 건 아닌지, 인지 왜곡은 없는지 잘 살펴야 한다.

지속 가능한 삶과 지속 성장하는 삶을 위해선 일, 육아, 성장을 함께 가져가는 노력을 기울이되 육아 로드맵에 따라 특정 시기에는 우선순위가 높은 쪽에 시간과 에너지를 과감히 집중해야 한다.

우선순위에서 밀린 일들은 당분간 눈을 질끈 감는 용기가 필요하다. 내가 짊어질 수 있고 감당할 수 있는 무게의 범위 안에서 무리하지 않고 성장을 지속하기 위한 전략적 선택이기도 하다. 2보 전진을 위한 1보 후퇴다.

그럼에도 가지 못한 길에 대한 미련과 지금 당장 하지 못하는 일에 대한 아쉬움은 계속 커질 것이다. 그럴 땐 결핍의 경험이 알려주는 자신 안의 진짜 열망과 소망을 잘 기억하라고 말해주고 싶다. 성장 지도에 자신의 열망과 소망을 실천할 날을 기록해도 좋다.

내 삶의 성장 지도 위에 나는 어디쯤 가고 있는지 두 눈으로 확인하고 나의 선택에 확신을 가져라. 일도 육아도 삶의 성장 지도와 육아 로드맵에 따라 제각각의 속도로 진행 중이라는 걸, 어느 것 하나 멈추지 않았다는 걸 기억하자.

멈춘 듯 보이는 순간에도 계속 나아가고 있는 자신을 믿어라. 겨울나무는 겉으론 죽은 듯 보여도 잎과 꽃을 피워낼 봄날을 위해 부지런히 준비하고 있다는 사실을 잊지 말자. 그것이 바로 프로 워킹맘, 프로 성장러가 갖춰야 할 '성장하는 삶'의 핵심일 것이다.

과감히 부탁하고 정확히 요청하라

도움을 청하는 게 몹시 어려운 사람이 있다. 내가 그렇다, 웬만해선 도움을 청하지 않으려 애썼다. 그런데 팀의 리더가 되어보니 도움을 주고 싶어도 상대가 요청하지 않아 도움을 줄 수 없는 경우가 있어 안타까웠다.

사람이 좋아서가 아니라 도와줄 수 있는 위치에 있고 또 가능하기에 도와주려는 것이다. 그럼에도 요청하지 않으면 상대가 지금 어떤 상황에 있는지, 정말 도움이 필요한지 아닌지 알 수 없기에 섣불리 나서서 도와줄 수 없다.

도움을 청하는 건 자존심의 문제도, 능력 결핍의 문제도 아니라는 걸 기억하자. 생각하기에 따라선 회사의 구성원으로서 업무를 더 잘 해내기 위한 업무 협의가 될 수 있다. 도움이 필요할 땐 망설이지 말고 제도적으로 지원할 수 있는 부분인지, 매니저 재량으로 가능한 범위인지 가능성을 타진해보는 걸 권한다.

거절이 두려울 수 있다. 그럴 땐 요청은 나의 권리, 거절은 상대의 권리라는 걸 기억하자. 상대가 도와줄 수 있을지 없을지, 기꺼이 도와줄지 아닐지를 당신이 먼저 판단하지 말라는 뜻이다. 그건 상대의 몫이다.

당신이 상대의 의사와 상관없이 도움을 청할 수 있듯, 상대도 당신의 의사와 상관없이 당신의 도움을 거절할 수 있다. 혹여 거절당해도 서운해하지 말라는 말이다. 거절을 쿨하게 받아들이는 것 또한 삶의 원숙한 자세와 지혜를 키우는 방법이다.

이런저런 방법을 동원하고 도움을 청해도 안 되는 일은 미련 없이 깨끗하게 포기하자. 당신은 최선을 다했고 그것으로 됐다. 주변에 지금 내 상황을 알린 것만으로도 절반의 성공이다.

도움을 요청받은 사람은 당장 도움을 주진 못하더라도 당신의 상황을 기억할 것이고, 추후 도울 방법을 찾으면 어떤 식으로든 도움을 주려 할 것이기 때문이다.

가족에게도 마찬가지다. 가족 간에는 서로의 처지나 성격을 누구보다 잘 알기에 도움을 청하는 게 오히려 더 어렵고 조심스러울 수 있다. 가족이 남보다 못하게 느껴지고, 가족 간에 서운함이 더 쌓이는 이유이기도 하다.

그러니 괜한 오해와 서운함을 쌓지 말고 상황을 설명하고 도움을 청해 보라. 설령 도움을 받지 못하더라도 대화로 서로의 상황을 이해할 수 있기에 가족 간에 돈독함도 생기고 서운함은 그만큼 덜해질 것이다.

독박육아를 견디다가 몸과 마음이 모두 피폐해져 아이에게도, 주변 사람들에게도 원망의 마음을 품기보다 필요할 땐 적극적이고 당당하게 도움을 청하자. 주변과 소통하며 아이를 함께 키워가는 슬기를 발휘해야 육아의 로드맵이 더욱 탄탄해지고 외롭지 않다.

이 또한 지나가리라

수시로 '멘붕'의 순간이 찾아왔던 육아의 첫 10년, 자기 암시처럼 되뇌던 말은 솔로몬 왕이 반지에 새겨 매일 들여다봤다는 '이 또한 지나가리라'다. 솔로몬 왕의 말이 진리인지, 시간의 본질이 원래 그리도 무심한 것인지. 제발 빨리 좀 지나갔으면 했던 그 시간은 1분의 더함도 덜함도 없이 자신의 시간을 다하고 지나갔다.

견딤의 시간 덕분일까? 그 뒤에 찾아온 시간은 지난 10년의 세월을 보상하고도 남을 만큼 나를 위한 시간들로 채워갈 수 있었다. 원없이 일하고, 원 없이 자기계발에 투자했다.

솔로몬 왕의 말을 애써 기억하지 않아도 삶의 시간은 지금도 째깍째깍 지나고 있다. 삶은 그렇게 계속 변하고, 절대로 끝나지 않을 것 같던 힘든 시간도 지나간다.

지금 끝이 보이지 않는 육아 터널을 나 홀로 걷고 있다고 생각된다면 '이 또한 지나가리라'를 꼭 기억하자. 그리고 '그러니 오늘을 충실히 살자'를 덧붙이면 좋겠다. 힘들었던 시간을 뒤돌아보며 아쉬워하는 날이 생각보다 빠르게 찾아온다.

아이와의 시간은 무섭도록 빠르게 흐르고 후회와 아쉬움, 미련과 그리움은 길고 오래 남는다. 그러니 힘든 날은 힘든 대로, 행복한 날은 행복한 대로 '이 또한 지나가리라'를 되뇌며 지금 이 순간을 100% 살아보면 좋겠다. 아이와 나, 일과 육아, 그리고 내 삶의 성장까지 모두 함께 갈 수 있다. 포기하지만 않는다면.

시작이 있으면 끝도 있는 법

30대의 10년을, 육아라는 길고 어두운 터널을 지나왔다. 100일의 기적과 첫돌을 기다리고, 말이 트이면 좀 나아지려나 초등학교에 들어가면 좀 수월해지려나 하고 기다린다.

아이의 성장 단계별로 맞이하는 새로운 미션을 정신없이 클리어하다 보니 어느 순간 길고 긴 터널의 끝에 서 있는 나를 발견했다. 육아의 10년 터널에 시작이 있었듯, 끝도 분명히 있다.

그래서 그렇게 끝이냐고? 그럴 리가. 육아 로드맵의 전반기가 끝난 것뿐이다. 겨우 터널을 빠져나와 한숨 돌릴 새도 없이 전혀 다른 차원의 도전이 기다리고 있다.

육아 로드맵의 후반부는 본격적인 교육의 시기다. 아이는 10대 청소년기에 들어서며 사춘기가 찾아오고 입시 전쟁의 서막이 열린다. 40대에 들어선 엄마에게도 삶의 또 다른 전환기가 찾아온다.

그렇다 해도 미리 걱정하지 않는다. 새로운 시절의 시작은 언제나 막막하지만 우린 또 잘 해낼 것을, 이 여정에도 끝이 있다는 걸 알고 있지 않은가? 삶이 계속되는 한, 삶이 우리에게 던지는 시련은 계속될 테고 우리는 '이 또한 지나가리라'을 외치며 도전에 응하면 되는 것이다.

육아의 시간은 곧 나를 키우는 시간

돌아보면 아이 덕분에 전혀 새로운 세상을 경험했다. 아이가 없었다면 절대 가보지 않았을 장소, 만나지 않았을 사람들과 교류하며 내적으로 성장하고 외연을 확대하는 계기가 되었다. 분초 단위로 시간을 쪼개 쓰고, 어느 때보다 치열하고 밀도 있게 살아내며, 나의 역량과 저력이 자라는 시간이기도 했다.

당장 눈앞에 성과가 확연히 보이진 않지만, 아이의 눈부신 성장이 증거였다. 그러므로 아이를 돌보는 시간은 일방적인 희생과 헌신, 소모의 시간이 아니라, 아이와 함께 나도 인생을 새롭게 배우고 미숙한 나를 담금질하며 뜨겁게, 또 아프지만 그만큼 더 강하고 밀도 있게 성장하는 시간이라 생각하면 좋겠다.

지금 이 순간, 육아 로드맵의 어느 순간을 걷고 있든 여정의 끝은 분명히 있다. 그리고 그 끝에서 전혀 상상하지 못했던 새로운 삶을 시작할지도 모른다. 10년 전의 내가 지금의 나를 전혀 상상하지 못했듯, 10년 뒤의 모습 역시 지금으로선 상상할 수 없다. 지금은 10년 뒤 놀라운 날을 준비하는 시간이다.

그러니 지금 우리의 최선은 시간을 내 편으로 만들며 시간의 힘으로, 시간과 함께 성장하는 것이다. 아이도, 나도 서로의 삶에서 독립해 각자의 새로운 여정을 시작하는 육아 로드맵 완수의 그날까지!

○ 정보 부족을 어떻게 극복할 것인가

워킹맘으로 나만의 길을 가는 데 첫 번째 로드블록이 '시간 부족'이었다면 두 번째는 '정보 부족'이다. 하루의 절반 이상을 회사에 묶여 있는 워킹맘에게 아이 교육과 입시 정보는 어쩌면 시간보다 훨씬 더 확보하기 어려운, 희소성 높은 자원이다.

돈으로 안 되는 게 없는 세상이고 생성형 AI 시대에 찾을 수 없는 정보란 없다지만, 웬일인지 내 아이를 위한 교육과 입시 정보는 쉽게 찾기 힘들다.

엄마들 모임에 기웃거려 봐도 정보가 곧 아이의 성적이자 미래인 입시판에서 정보를 쉽게 내줄 사람은 없다. 급한 마음에 학원가로 달려가면 '또래에 비해 다소 늦은 감이 있지만 특별 관리 수업으로 한 번 해볼 수는 있을 것 같다'라는 말에 고개가 절로 숙여지고 앉은 자리에서 값비싼 수강료를 덜컥 결제하곤 다행인지 허탈인지 모를 복잡한 감정을 느낀다. 기업의 홍보, 마케팅 전략을 짜고 시장을 분석하는 게 주 업무인 나조차도 학원가의 입시 마케팅에 별수 없이 휘둘리곤 했다.

어떻게 정보 부족의 한계를 극복하고 내 아이에게 딱 맞는 교육과 입시 준비를 할 수 있을까?

20년 교육 로드맵

아이 교육은 언제부터 시작되는 걸까? 아이를 위해 마음을 바르게 하고 언행을 삼간다는 의미의 태교에도 교육한다는 의미의 한자어 '교(敎)'가 들어가 있으니, 교육은 아이를 잉태하는 순간부터 시작되는 것인지도 모른다. 아이를 어떻게 키울 것인지, 부모의 교육 철학을 세우고 교육 로드맵도 이때부터 준비를 시작해야 한다.

교육이 백년지대계라거나 소위 명문대에 입학시킬 거창하고 원대한 목적 때문만은 아니다. 아이의 교육을 어디에서 어떻게 시킬지, 주거지와 주거 환경에 관한 결정은 물론 향후 수입과 지출 계획에도 아이 교육이 큰 영향을 미치기 때문이다.

하지만 하루하루 간신히 버텨내기 바쁜 워킹맘의 현실에 그런 계획이 있을 리 만무하다. 늘 뒤늦게나마 허겁지겁 뒤쫓아가기 바쁘고, 내 아이가 실험 대상이 되는 뼈아픈 시행착오의 연속이다.

아이가 초등학교 고학년에 들어서는 시기부터 대학 입학까지의 약 10년은 실질적인 입시 교육의 시간이다. 시간도 정보도 기동력도 부족한 워킹맘에겐 돌봄의 시기보다 더한 도전의 시기가 될 수 있다. 사교육의 열풍 속에서 내 아이만 뒤처지는 건 아닌지 늘 불안하고, 이제라도 학원가가 밀집한 역세권으로 이사를 해야 할지 고민은 더욱 커진다.

수많은 시행착오 끝에 깨달은 건 세상 어디에도 내 아이를 위한 완벽한 정보는 없다는 것이다. 좀 더 정확히 말하면 입시 시장에는 없다.

내 아이를 위한 맞춤형 교육 정보는 부모의 교육 철학과 아이의 성향을 파악하는 한편 관심 분야를 오랜 시간 면밀히 관찰하고 실질적 교육 과정과 입시 정보를 꾸준히 수집하며 이해해야만 만들 수 있다. 그야말로 세상에 단 하나뿐인 맞춤 제작 상품 같은 것이다.

다소 원론적으로 들릴지 모르지만, 이를 위해 가장 먼저 해야 할 일은 부모의 교육 철학, 즉 교육관을 분명히 하는 것이다. 부모의 교육관이라는 뿌리가 단단하게 받쳐줘야만 수없이 바뀌는 입시 제도와 교육 환경 속에서도 흔들리지 않고 아이를 위한 제대로 된 교육을 지속할 수 있다. 부모가 합의한 교육관에 맞는 교육 목표와 방향성을 가진 교육 기관을 선택하고, 여건에 맞는 교육 환경을 구축하려는 노력 또한 필요하다.

그렇게 부모와 아이가 함께 만들어가는 교육 로드맵 위에서 아이는 더욱 자유롭게 자신만의 미래를 그려나갈 수 있다.

교육 마이 웨이

제4차 산업혁명 시대, 미래 직업군에도 큰 변화가 올 거라고 한다. 우리가 알고 있는 유망 직업의 상당수가 몇십 년 내에 사라질 거라고도 한다.

빠르게 변하는 입시 교육 트렌드에 발맞추기 위한 노력의 실상은 아이를 이 학원 저 학원으로 등 떠미는 것이다. 제4차 산업혁명 시대에는 코딩이 필수라며 적성과 취향은 상관하지 않고 너도나도 코딩을 가르치던 게 불과 몇 년 전 일이다. 하지만 챗GPT의 등장과 함께 인공지능 기반의 검색 엔진이 웬만한 코드는 물론 프로그램, 사진, 영상까지도 만들어주는 시대가 되었다.

세상은 이토록 빠르게 변하는데 여전히 기승전 입시인 현실에서 부모와 아이는 어느 장단에 맞춰야 할까?

사실 그리 복잡하지 않다. 교육에서도 나만의 길을 가는 것이다. 현실은 말처럼 쉽고 단순하지 않다는 게 늘 문제지만, 분명한 건 계속해서 끊임없이 변하는 트렌드를 따르는 삶은 남의 것을 쫓는 뒤처진 삶일 수밖에 없다는 사실이다.

아이가 트렌드를 빠르게 따라가는 패스트 팔로워가 되길 바라는 부모가 과연 몇이나 될까? 트렌드를 이끌고 자신만의 삶을 사는 창의적인 아이로 키우는 게 부모의 진짜 바람이자 원하는 교육 방향이 아닐까?

적어도 내겐 그것이 자녀교육의 궁극적인 목표이자 목적이다. 그런데 어느 순간 트렌드를 쫓으며 패스트 팔로워를 만드는 교육 방향을 고수하고 있는 나를 발견하고 깊은 허탈감을 느꼈다.

탄탄한 교육 로드맵이 받쳐주지 않는 교육관은 주춧돌 없이 지은 집과 같다. 작은 변화의 바람에도 쉽사리 흔들리고 불안한 부모 곁에서 아이도 함께 고스란히 노출된다.

아이의 미래가 달린 교육에 부모로서 더 이상 '이런 것도 해봤다'는 식의 자기 위안과 만족에서 그칠 수는 없는 노릇이다. 시대 변화에 대해 더 많이 공부하며 트렌드를 넘어서야 한다.

정규 교육과 대안 교육, 온갖 교육 트렌드를 열심히 뒤쫓아본 나의 결론은 이렇다.

내 삶이 지속해서 성장해왔듯, 아이 역시 자신만의 길을 걸으며 우상향의 성장 곡선을 그려갈 거라는 믿음을 가져야 한다. 아이의 무한한 가능성을 믿고, 아이가 자신만의 길을 걸을 때까지 확고한 교육관을 바탕으로 아이와 함께 교육 로드맵을 만들고 지속적으로 업데이트해야 한다. 나를 알고, 아이를 알고 기술과 환경의 변화를 예의주시해야 할 것이다.

정보의 질은 양에서 나온다

수많은 정보 중에서 내 아이를 위한 맞춤 정보를 찾기란 결코 쉽지 않다. 아이는 훌쩍훌쩍 자라고 세상은 매일매일 급격히 변하니, 어느 순간 조급한 마음에 빠르고 쉬운 방법에 대한 유혹을 느낄지도 모른다. 그러다 위법한 행동을 저지르고 아이의 미래에 큰 화를 부르는 경우를 심심치 않게 본다. 그러니 마음이 급해질 땐 교육 로드맵을 보고 지속적으로 업데이트하며 긴 호흡으로 나아갈 결심을 해야 한다.

'지피지기 백전백태'로 유명한 『손자병법』의 「모공」 편에는 적을 이기는 여러 가지 승리의 방법이 나온다. 손자는 싸우지 않고 이기는 게 최선의 승리라고 말했다.

싸우지 않고 승리하기 위해선 적에 대한 양질의 핵심 정보를 확보해야 하고 그 방법으로 간첩을 활용해야 한다. 간첩이라는 말이 부정적으로 들리는 게 사실이지만, 오늘날의 실정으로 볼 때 정보전이 아닐지 생각한다. 급변하는 입시 환경에서 나의 길을 가기 위해선 양질의 정보를 확보하고 그중 나와 아이에게 맞는 맞춤 정보를 가려

내 승리를 쟁취하는 전략과 전술이 필요하다.

시작은 가능한 많은 정보를 접하는 것이다. 커뮤니티에 가입하고, 뉴스를 찾아보고, 책을 읽고, 교육 세미나에 참석해 광활한 정보의 바다에서 나와 아이에게 맞는 정보를 수집하고 분류한다. 시행착오 끝에 획득한 경험과 노하우로 정보를 검증한다.

그렇게 정보를 찾고 걸러내고 분류하고 다시 또 검증하고를 반복하다 보면, 어느 순간 꼭 필요한 맞춤 정보가 손에 잡히는 순간이 올 것이다.

양이 질로 전환되는 순간이다. 우리 아이만의 맞춤 정보로 교육 로드맵의 전략과 전술을 업그레이드하다 보면, 입시 환경의 잦은 변화 속에서도 흔들리지 않는 교육 마이 웨이가 다져질 것이다.

○ 우연처럼 찾아온 기회를
거머쥘 기동력

워킹맘의 성공 비법 세 번째는 삶의 '기동력'을 높이는 것이다. 겉보기에는 하루아침에 이뤄진 성공과 날벼락 같은 행운도 이면을 들여다보면 성실함과 꾸준함, 인내심으로 쌓아온 노력의 시간이 있다는 걸 알 수 있다.

그리고 어느 날 내 삶의 궤도가 우연처럼 찾아온 기회를 거머쥘

때 성공은 만들어진다. 그 우연 같은 기회를 알아보는 눈과 재빠르게 잡아챌 수 있는 근력은 일상을 얼마나 효율적으로 운용하는지에 달려 있다.

삶을 레버리지하라

워킹맘의 재테크는 시테크다. 조금이라도 나의 시간과 에너지 절약에 도움을 준다면 제품이든 서비스든 과감히 투자해 적은 노력으로 큰 결과를 얻어야 한다.

영화에서처럼 내 분신이 두 개, 세 개 있었으면 싶은 일-육아 병행 라이프에선 시간 운용 자체가 불가능하다 싶은 게 사실이다. 하지만 하루 24시간을 가만히 들여다보면 낭비되는 시간은 늘 있기 마련이다. 그 말인즉, 레버리지(Leverage, 적은 힘으로 높은 효율을 추구하는 행위)할 수 있는 시간 역시 많다는 뜻이다.

가장 쉽고 빠르게 레버리지할 수 있는 건 가사에 쏟는 시간이다. 가사에 쏟는 시간은 그리 길지 않다고 한다. 하지만 퇴근 후 곧바로 육아 출근을 해야 하는 워킹맘에겐 길든 짧든, 많든 적든 가사 자체가 부담이고 스트레스다.

스마트 기기나 가사도우미 서비스 등 가사 업무를 위임하고 그 시간을 효율적으로 활용할 방법을 찾아라. 가사 효율을 높이는 가전제품과 관련해선 트렌드를 앞서는 얼리어답터가 되고 초기 투자 비용이 다소 부담스럽더라도 한껏 사치를 부려라. 퇴근 후 1분이라도 아이와 함께하는 시간을 벌 수 있다면 충분히 값어치를 한 것이다.

이젠 신혼 필수품이 되었다는 식기세척기를 비롯해 의류건조기, 의류관리기, 로봇청소기, 변기 자동세정기 등 스마트 기능을 탑재한 제품들은 가사의 효율성 제고를 위한 최소한의 투자다.

그 외에도 일상의 기동성을 높이기 위해 시간과 효율을 돈으로 살 수 있는 유아식 배달 서비스, 반찬 배달 서비스, 청소 서비스 등 외주 및 구독 서비스를 스마트하게 활용한다면 지금껏 해온 어떤 투자보다 높은 수익률과 만족감을 제공할 것이다.

멀티플레이어의 환상을 버려라

뇌과학적으로 멀티플레이가 불가능하다는 건 이미 잘 알려진 사실이다. 한 번에 한 가지 일에 집중할 때 효율성이 높아지는 게 당연하다. 워킹맘이 멀티플레이를 잘하는 것처럼 보이는 건 절박함 속에서 분초 단위로 우선순위를 바꾸는 기민함과 민첩성, 그리고 높은 상황 대응력 덕분이다. 선택과 집중, 전환의 과정이 순식간에 일어나 마치 멀티플레이를 하는 것처럼 보이는 것이다.

하지만 긴장감 속에서 높은 집중력을 계속해서 유지해야 하는 삶은 터지기 직전의 풍선처럼 위태롭다. 그런 삶은 결코 지속 가능하지 않다.

일, 육아, 성장이라는 세 가지 미션을 수행하기 위해 슈퍼 워킹맘으로 진화해왔지만, 우리는 하루 7~8시간 자고 삼시 세끼를 잘 챙겨 먹고 일과 육아에서 자유로운 온전한 쉼의 시간을 가지며 에너지를 충전해야 건강한 삶을 유지할 수 있는 평범한 인간이라는 사실을 잊지 말자.

의지와 노력으로 만들어진 슈퍼 워킹맘이지, 초능력과 불멸의 신체를 타고난 슈퍼 히어로는 아니란 얘기다. 그러니 멀티플레이어의 환상을 버리고 내 신체적, 정신적, 정서적 한계를 정확히 알고 우선순위를 관리하며 삶의 효율성과 기동성을 높여가야 할 것이다.

체력부터 장착하라

육아 로드맵은 아이와 내가 함께 뛰는 마라톤 경주와 같다. 모든 여정을 끝까지 완주하기 위해 체력은 워킹맘의 필수템이다. 드라마 〈미생〉에서 사범님이 장그래에게 해준 말 '일하듯, 공부하듯 체력을 길러라'는 15년 전, 워킹맘의 삶을 막 시작한 내게도 꼭 해주고 싶은 말이다. 내가 원하는 걸 얻고 싶다면, 원하는 삶을 지속하고 싶다면 먼저 체력부터 키워야 한다.

체력 관리의 기본은 잘 먹고 잘 자고 규칙적으로 운동하는 것이다. 할리우드 배우들의 심리상담사로 유명한 필 스터츠는 삶의 원동력을 내 육체와의 관계, 사람들과의 관계, 나 자신과의 관계로 나눈다. 그중 가장 기본은 내 육체와의 관계, 바로 체력 관리다.

스터츠에 의하면 정신 건강의 85%가 육체와의 관계 개선으로 가능하다고 한다. 애 보랴, 일하랴 늘 시간에 쫓기며 사는 워킹맘에게 운동은 언감생심, 제때 먹고 제때 자는 일조차 사치로 느껴지는 순간의 연속이다.

식사는 간편식으로 대충 때우거나 건너뛰기 일쑤고 시간을 확보하는 건 오직 내 잠을 줄이는 방법밖에 없다. 워킹맘은 아플 시간조차 없기에, 유명 연예인이 먹는다는 고함량 비타민을 챙겨 먹고 컨디션이 조금이라도 안 좋아지면 즉시 병원에 달려가 수액을 맞으며 버텨보지만 이미 오래전에 방전된 체력은 금세 바닥나고 만다.

나쁜 영양 상태와 부족한 수면, 지속적인 체력 저하로 만성 피로, 우울감, 불안감을 달고 사는 것도 문제지만 진짜 큰 문제는 아이가 엄마의 위태로운 건강 상태에 고스란히 노출된다는 것이다. 엄마의 체력이 무너지면 아이의 건강한 삶도 함께 무너진다는 걸 잊지 말자. 그렇다면 워킹맘의 필수템, 체력을 장착하는 방법은 무엇일까?

첫째, 잘 먹는 게 힘이다. 먹는 게 남는 거라지 않던가? 엄마가 아이의 성장 단계에 맞춰 영양 밸런스를 맞춘 식단을 고민하듯, 나이가 들어감에 따라 변화하는 내 몸에 대해서도 꾸준히 공부하며 식단을 관리해야 한다.

마흔이 되면 젊은 시절 했던 굶는 다이어트와 불균형한 식습관으로는 더 이상 건강을 유지할 수 없다는 걸 여실히 깨닫는다. 건강한 에너지와 활력은 자연에서 유래한 건강한 음식에서 얻을 수 있다. 우유, 계란 등 단백질을 보충하고, 식이섬유를 섭취해 장 건강을 관리하고, 간헐적 단식과 클렌즈 등 체질에 맞는 영양 구성과 식습관의 변화를 꾸준히 시도한다.

둘째, 잠이 보약이다. 오래전 얘기지만 고3 수험생의 국룰은 4당 5락이었다. 정작 고3 때도 하루 일곱 시간은 자던 내가 워킹맘이 되어서 4당 5락을 실천했다. 그러나 인간은 하루 일고여덟 시간은 자야 건강을 유지할 수 있다.

수면의 양뿐만 아니라 질도 중요하다. 특히 나이가 들수록 수면의 질이 떨어지므로 숙면을 위한 노력이 필요하다. 잠자기 전 컴퓨터나 핸드폰 사용을 자제하고 깨끗한 침구, 어두운 조명, 암막 커튼 설치 등 수면 환경 조성을 위해 노력해야 한다.

아이가 어릴 땐 특히 수면의 양과 질 모두 떨어지니 그 시기만이라도 육아도우미나 입주도우미의 도움을 받아 하루 여섯 일곱 시간 이상 숙면을 할 수 있는 여건을 만드는 것도 방법일 테다. 이 모든 게 어렵다면 점심시간을 이용해 낮잠을 자는 등 모자란 수면 시간을 보충할 방법을 반드시 찾아야 한다. 내 수면의 양과 질이 내 삶의 질은 물론 관계의 질로 연결된다는 걸 잊지 말아야 한다.

셋째, 운동이 답이다. 체력을 높이는 가장 확실한 방법은 꾸준한 운동이다. 가장 좋은 건 정기적으로 운동을 다니는 것이지만, 여건이 허락하지 않는다면 하루 10분 운동 습관을 만들자. 연구에 따르면 하루 10분이라도 꾸준히 운동을 하는 사람은 운동을 전혀 하지 않는 사람에 비해 사망 위험이 17% 감소했다.

아이가 어리거나 외부로 운동을 다닐 여건이 안 된다면 거실 한쪽에 요가 매트와 폼롤러, 땅콩볼을 장만해 뭉친 근육을 수시로 풀어준다. 단 몇 분일지라도 스트레스가 풀리고 몸이 한결 가벼워질 것이다. 습관 형성에는 최소 21일이 필요하다고 하니 하루 10분, 3주 운동 성공을 목표로 시작해보자.

가장 기본이지만 가장 어렵기도 한 체력 관리, 혼자서 힘들다면 식단 관리 앱, 수면 습관 관리 앱, 홈트레이닝 앱 등과 커뮤니티 서비스를 이용해 동일한 목표를 가진 사람들과 함께 도전해보는 것도 좋을 것이다.

고효율은 고 레저(Go Leisure)에서 온다

워킹맘의 진정한 웰빙을 위해 한 가지를 더 한다면, 잘 쉬는 것이다. '일하고 놀고, 일하고 놀고'가 아니라 '일하고 놀고 쉬고'가 되어야 한다. 계속해서 일하고 놀기만 하면 결국 지치고, 지치면 포기하고 싶은 마음이 생기기 마련이다. 열심히 일하고 열심히 논 만큼, 열심히 쉬며 재충전하는 시간을 꼭 가져야 한다.

근면성실하게 일하는 사람을 일개미라고 칭하는데, 정작 일개미는 하루 여섯 시간만 일하고 나머지 시간은 빈둥거리며 쉰다. 게다가 일개미의 80%는 일을 하지 않는다고 하는데, 게으름을 피우는 게 아니라 고도의 효율성을 끌어내기 위한 생존 전략이라고 한다.

물론 일개미도 알이나 유충을 돌볼 때는 잠시도 쉬지 않고 24시간 일을 한다. 그러다 손이 덜 가는 단계가 되면 다시 일하지 않고

쉰다고 한다. 사람과 개미를 단순 비교할 수는 없지만 육아 로드맵에서 고도의 효율성을 유지하기 위해선 일개미처럼 의도적이고 전략적인 휴식 시간이 절대적으로 필요하다.

일과 육아에서 벗어나 정기적으로 온전한 쉼의 시간을 가지는 '오프라인 미 타임(Offline me time)'을 가져보길 권한다. 근사하고 멋진 곳에서 긴 휴가를 가질 필요는 없다. 행복은 강도가 아니라 빈도라는 말처럼 내 삶의 효율성을 제고할 수 있는 만큼의 시간을 육아 사이클에 맞춰 틈틈이 또 자주 가지면 된다.

워킹맘에게 혼자만의 시간이 가당키나 하느냐고 반문할 수 있다. 그럼에도 불구하고 뜻이 있는 곳에 길이 있다는 말을 믿어라. 내 의지가 강할 땐 세상도 내 의지를 존중하고 내 의지대로 움직여준다.

그동안 나의 소중한 권리를 포기한 건 다름 아닌 나였는지도 모른다. 누가 먼저 알아주길 바라거나 배려를 기다리지 말고 당당히 내 시간을 가져라. 그럼에도 죄책감이 든다면 기억하라, 이 모두가 궁극적으로 우리 가족의 행복을 위한 길이라는 걸.

나만의 오프라인 미 타임을 공유해본다. 아이가 어렸을 때, 아이가 잠든 뒤 짧은 반신욕 타임을 가졌다. 나를 위한 작은 사치로 좋은 향초와 입욕제를 선물했다. 때론 오후 반차를 내고 회사 근처 영화관에 가거나, 서점에 들러 책 한 권을 사거나, 창이 큰 커피숍에 앉아 커피 한잔과 조각 케이크를 맛있게 먹고 기분 좋게 육아 출근을 했다. 아이가 조금 커서는 주 1회 유화 수업 등 취미 활동을 하며 나만의 온전한 휴식 타임을 갖기도 했다.

한 달에 하루, 힘들면 30분 정도는 누구에게도 방해받지 않는 나만을 위한 오프라인 미 타임을 가져보길 권한다. 일정표에 넣고 주변에 알려 협조를 구하라. 일과 육아에서 잠시 벗어나 내게 집중하며 나를 소중히 대하는 시간을 가질 때, 삶의 행복감은 올라가고 세상을 바라보는 시선 역시 긍정적으로 바뀐다. 당연히 일, 육아에 더욱 집중할 수 있고 일상의 효율성은 물론 기동성도 높아질 것이다.

○   스스로가 행복해지는
       선택을 하라

지금 이 책을 읽고 있는 당신이라면 분명 자신과 가족의 삶에 최선을 다하는 사람일 것이다. 그것으로 이미 충분하다. 더 이상 자신의 부족함을 탓하거나 지난 실수에 죄책감을 갖지 말자. 누구나 처음은 힘들고, 실수와 시행착오를 겪기 마련이다.

또 엄마라는 이유로 희생을 당연하게 생각하지도 말자. 당신에겐 일상 속에서 소소한 행복을 누릴 자격이 있고, 나의 행복이 곧 우리 가족의 행복한 오늘이고 미래라는 걸 기억하자.

잊지 말 것! 내가 선택한 삶이다

한 아이의 엄마로서, 내 이름 걸고 일하는 직업인으로서, 내 삶에 지속 성장을 추구하는 인간으로서 도망치지 말고 현실을 대면한다. 내가 선택한 삶에서 책임과 의무를 다하되 나의 능력과 한계를 인정하고 나의 선택을 믿으며 계속 나아가면 된다.

내 진짜 삶은 과거도 미래도 아닌 지금-여기에 있다는 걸 기억한다. 뒤돌아보며 후회할 시간도, 아직 오지 않은 미래를 걱정하며 소중한 오늘을 낭비할 시간도 없다. 힘들면 힘든 대로, 좋으면 좋은 대로 내가 선택한 지금 이 순간의 삶을 온전히 누리자.

기억할 것! 행복한 엄마가 행복한 아이를 키운다

아이를 키울 때 무엇보다 중요한 게 엄마의 정서다. 갓난아기도 엄마의 표정을 유심히 살핀다. 아이의 전부인 엄마의 세상이 각박하면 아이의 세상 역시 각박하다. 엄마가 지치고 힘들면 아이의 세상 역시 어둡고 슬픔으로 가득해진다. 엄마가 화내고 짜증 내면 아이의 세상은 불안과 공포로 가득해진다. 아이에게 아무리 좋은 음식을 먹이고 좋은 옷을 입혀도 엄마의 삶이 불행하다면 아이의 삶도 함께 불행해진다.

엄마가 행복해질 방법은 의외로 단순하다. 내 기분, 즉 엄마의 기분이 나빠지지 않을 선택을 하는 것이다. 만일 어떤 선택을 함으로써 내가 손해를 보거나 희생하고 있다고 느낀다면, 과감히 내가 기분 좋아지는 선택을 해야 한다. 때론 나의 행복을 위해서 아주 조금은 이기적인 선택도 감행하자. 결국 내 아이의 행복을 위한 좋은 선택이 될 거라 확신한다. 사회가 규정한 모성애에 짓눌리지 말고 내가 행복해지는 모성애를 스스로 정의하고 선택하자.

그럼에도 여전히 나를 위한 행복한 선택이 어렵게 느껴진다면, 스스로를 내 삶과 우리 가정의 CEO라고 생각하자. 가정이든 회사든 생산성을 높이고 성공적인 결과를 만들기 위해선 구성원 모두가 행복해야 한다. 가족 문화를 개선하고 가사와 양육 환경의 질을 높이며 가족 구성원의 만족도를 높이기 위해 CEO이자 구성원인 나의 행복과 삶의 질을 먼저 챙겨야 한다.

실행할 것! 어설픈 완벽주의를 버려라

삶이 피곤해지는 이유 중 하나는 어설픈 완벽주의다. 일도 육아도 내 계획대로 딱딱 맞아떨어지지 않는다. 내 시간적, 체력적 한계를 알고 명확한 선을 긋지 않으면 하루를 꼬박 새워도 끝이 나질 않는 게 일이고 육아다. 완벽주의 성향을 가진 사람들은 일과 육아 사이에서 함몰되어 먼저 자신을 갈아 넣는다.

자신에게서 끝나면 다행인데 피곤하고 지치니 일, 육아, 살림 모두 버거워진다. 이내 짜증이 올라오고 분노와 원망의 감정이 생긴다. 어느 순간 나도 모르게 지킬 박사에서 하이드 씨로 변신하고 아무것도 모르는 아이, 남편, 동료는 어설픈 완벽주의자의 완벽한 희생자가 되고 만다.

아이가 유치원에 다닐 무렵, 퇴근 시간이 지났는데 하던 일이 끝나지 않아 걱정과 초조함으로 온갖 인상을 쓰며 일을 하고 있었다. 퇴근 시간 러시아워는 이미 시작되었을 테고, 육아도우미는 내 퇴근 시간만 기다리고 있을 것이다. 그 옆에서 아이는 긴장한 채 눈치를 보고 있을지 모른다.

그때 상사가 지나가며 한마디 툭 던졌다. '내일 할 일 오늘 하는 건 아니지?' 순간 얼굴이 확 달아올랐다. 지금 내가 하는 일은 과연 오늘 할 일일까, 내일 할 일일까? 오늘 끝내고야 말겠다는 건 내 어설픈 완벽주의가 아닐까? 아무도 원하지 않고 굳이 필요하지 않은 야근을 불사하고 있는 건 아닐까?

초조함과 다급함으로 허겁지겁 마무리한 일은 결국 내일 다시 손볼 게 분명했다. 그리고 난 이 모든 힘듦의 원인을 회사와 상사, 가족에게 돌리고 원망과 분노를 내 안에 쌓다가 어느 날엔가 엉뚱한 이에게 풀 게 분명하다.

오늘 내게 주어진 일을 오늘 모두 마무리했을 때의 뿌듯함과 성취감을 모르지 않는다. 물론 그런 성향 덕에 개인적 삶에서도, 업무에서도 크고 작은 성취를 맛봤지만, 어설픈 완벽주의는 득보다 실이 더 많았다. 강박에 가까운 완벽주의는 변화를 거부하는 고지식함의 증거일 뿐 삶에 별 이득이 되지 않는다. 일개미처럼 고도의 효율성을 발휘할 수 있도록 일, 육아, 성장, 쉼이 조화를 이루는 나만의 웰

빙 공식을 만들어보자.

지나친 완벽주의 성향은 자신의 수준을 과대평가하는 욕심이고 유연성이 부족한 자신을 감추기 위한 가면일지도 모른다. 나의 한계를 인정하고 스스로를 가혹하게 처벌하는 행동은 이제 그만 멈추자.

오랜 습성이 된 완벽주의의 가면을 단번에 버리는 건 결코 쉬운 일이 아니지만, 완벽주의를 탈피하려는 노력 자체가 나와 가족을 위한 진정한 삶의 용기일 것이다. 모든 걸 완벽하게 해내는 게 아니라 아이와 시간을 보내고 있을 땐 오직 아이에게 집중할 수 있는 게 진정한 완벽주의가 아닐까?

마흔의 마이 웨이 성장 지도

1. 과거-현재-미래를 잇는 성장 지도와 인생의 키워드 완성하기

(인생을 10년 단위로 나눠 키워드를 적고, 다가올 미래는 인생 목표를 적는다.)

〈주요 키워드 예시〉
- 과거: 내 삶에 큰 영향을 끼친 사건, 성취, 뉴스 등
- 현재: 지금 가장 중요한 일, 계획, 목표 등
- 미래: 나이대별 하고 싶은 일, 목표 등

2. 지금까지의 삶에서 10대 키워드는 무엇인가?

3. 현재 삶에서 3대 우선순위는 무엇인가?

4. 3대 우선순위는 당신에게 어떤 의미가 있는가?

5. 아무런 제약이 없다면 가장 하고 싶은 일은 무엇인가?

6. 오늘부터 조금씩, 천천히 준비한다면 무엇부터 시도할 수 있을까?

7. 10년 후 인생의 키워드에 채우고 싶은 단어는 무엇인가?

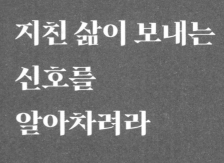

4장

지친 삶이 보내는
신호를
알아차려라

○ 결핍을 채우지 못하고
찾아온 공허 앞에서

어릴 적에는 멀미가 무척 심했다. 멀미약을 챙겨 먹고 양쪽 귀밑에 멀미 패치를 붙여도 별 소용이 없었다. 신기하게도 지금은 어디를 가든 멀미하지 않는다. 도로가 좋아지고 차량의 승차감이 좋아진 이유도 있을 테지만, 내가 여행의 주체가 되면서부터 멀미가 멈췄다고 생각한다.

목적지도, 목적지까지의 시간이나 여정도 알지 못한 채 뒷좌석에 앉아 이끌려갈 때와 달리 성인이 되어 내가 주도한 여행에선 여정이 아무리 험난하고 교통편이 불편해도 멀미를 거의 하지 않았다.

육아의 첫 10년은 어릴 적 여행처럼 멀미의 연속이었다. 뭣도 모르고 올라타 보니 시속 300km/h로 달리는 육아 고속열차였다. 대체 어디로 가는지, 지금 여긴 어디인지, 앞으로 얼마나 더 가야 하는지 물을 새도 없이 열차는 무섭도록 맹렬히 달렸다.

멀미하느라 정신없는 중에도 아이 손을 놓치지 않기 위해 안간힘을 쓰며 간신히 매달려 갔다. 견딤의 시간이 헛되진 않았던지 여행 10년 차쯤 되니 열차의 속도감에 제법 익숙해지고 멀미도 줄었다.

어느덧 육아 고속열차는 첫 번째 여정을 끝내고 두 번째 여정으로 들어섰다. 이대로라면 다음 10년 여정도 문제없겠다며 긴장을 조금 늦췄다.

그렇게 쭉 계속되었다면 얼마나 좋겠냐만은 삶이 늘 그렇듯, 내 자만을 비웃기라도 하듯 두 번째 여정은 이내 덜컹거리기 시작했다. 그럼 그렇지, 흥미로운 이야기에 시련과 고난이 빠질 수 없지. 이번에도 역시 만만치 않은 여정이 될 거라는 걸 직감하며 멀미가 좀 덜하길 바랄 뿐이다. '나 지금 잘 가고 있는 거겠지?'

인생의 두 번째 챕터가 시작되고 10여 년 만에 다시 찾은 자유 시간은 초등학생 때 짝사랑했던 친구를 고등학생이 되어 다시 만난 듯 익숙하지만 낯선 설렘으로 다가왔다. 시작은 고작 두 시간의 짧은 자유였지만 오래 지나지 않아 주중 저녁 시간의 대부분을 온전히 내 시간으로 누릴 수 있게 되었다.

마침 회사에서도 부서 이동과 함께 오랫동안 바랐던 업무를 맡으면서 업무에 몰입하며 한껏 일하는 즐거움을 만끽할 수 있었다. 다행히 일에 헌신하는 만큼 성과도 좋아서 몇 년 사이 승진을 거듭했고, 책임과 권한이 늘며 주체적으로 일할 기회가 늘어나니 일하는 재미와 성취감이 더욱 높아졌다.

그뿐만이 아니었다. 개인적인 삶에서도 잃어버린 10년을 일거에 회복하려는 듯 그동안 미뤄뒀던 독서, 취미 활동, 공부 등 자기계발에도 열을 올리며 어느 때보다 바쁜 나날을 보냈다.

그런데 왜 또다시 공허감을 느끼는 걸까? 지난 10년의 결핍을 채우고도 남을 만큼 일, 취미, 공부, 자기계발까지 마음껏 하고 있는데 왜 가슴 한편에 구멍이 생긴 듯 헛헛한 기분이 드는 걸까? 욕심이 너무 과했던 걸까?

그러던 어느 날 세수를 하다가 문득 거울을 바라봤다. 건너편에는 낯선 여인이 서 있었다. 구부정한 어깨, 화가 난 건지 슬픈 건지 무표정한 얼굴, 주름이 깊게 자리 잡은 이마, 치켜뜬 눈썹, 축 처진 입꼬리, 불쑥 솟아난 정수리 새치까지.

"대체 넌 누구냐?" 실없이 영화 〈올드보이〉의 대사를 읊으며 이제 난 영락없이 올드보이, 아니 올드걸이 되어버렸구나 하고 쓴웃음을 짓는다.

20대에 바라본 마흔은 분명 우아하고 중후한 모습이었는데, TV에선 20~30대보다 여유롭고 멋진 그들을 영포티 혹은 꽃중년이라고도 부르던데 지금 내 앞에 서 있는 늙고 지친 여인에게선 그런 모습을 전혀 찾아볼 수 없다.

'가만 있자. 어디선가 본 적이 있는 표정인데. 아, 맞다. 영화 〈레미제라블〉에서 삶에 지치고 절망한 파리 시민들의 얼굴!' 바로 그 모습이었다.

어쩌다 이렇게 되었을까? 꽃중년은커녕 나이보다 10년은 더 늙어 보이는 내 모습을 어떻게 받아들여야 할까? 나 지금 잘살고 있는 걸까? 고작 이렇게 되려고 그렇게나 열심히, 갖은 애를 쓰며 살아온 건가? 그건 아닌데, 대체 어디서부터 뭐가 잘못된 걸까?

○ 내 안의 내가 보내는 구조 신호

얼굴은 한 사람의 살아온 흔적이라던데, 거울 속 내 모습을 마주한 순간 F로 가득한 40년 인생 성적표를 받아든 듯 참담함을 느꼈다. 지금의 내 얼굴, 몸과 마음의 건강 상태까지 어느 것 하나 자랑스레 내세울 만한 게 없다. 거울 한 번 들여다볼 시간 없이, 나를 돌볼 틈도 없이 숨 가쁘게 달려온 탓이라고 변명도 해보지만 어떤 말도 지금 내겐 위로가 되지 않는다.

'이게 정말 네가 원하던 삶이니?' '너 정말 잘살고 있는 거 맞아?' '엄마 빼고 직장인 빼고, 넌 대체 누구니?' 내면아이가 그동안 꾹꾹 눌러 담았던 감정을 분출하기 시작했다.

나 너무 힘들다고, 지쳤다고, 좀 쉬고 싶다고 울며 외치는 듯했다. 급히 먹는 밥이 체한다고 잃어버린 10년을 되찾겠다며 나를 돌볼 새도 없이 허겁지겁 서두른 게 문제였다.

문득 이런 생각이 들었다. 어쩌면 이제야 비로소 나를 찾는 여정이 본궤도에 진입한 건지도 모른다고. 내가 원하는 삶의 모습을 본격적으로 준비할 때가 되었다고. 때마다 찾아오는 지긋지긋한 인생 질문들에 답을 내놓고 해방될 기회인지도 모른다고.

지인들의 SNS에서 종종 발견하는 자기 독백의 말 '오늘도 하얗게 불태웠다'를 그냥 지나칠 수 없는 건 걱정과 우려 때문이다. 고된 하루의 끝, 피곤함과 뿌듯함이 뒤섞인 이 말을 나 역시 매일같이 내뱉곤 했다.

그땐 이 말이 '번아웃'의 신호인지조차 알지 못했다. 물론 이 말을 몇 번 되뇌었다고 해서 무조건 번아웃이라는 의미는 아니다. 하얗게 불태웠다고 표현할 만큼 마음을 다하는 일이 있고, 자신이 하는 일에 열정을 바치며 에너지를 쏟는 건 분명 의미 있고 보람된 삶이다. 뭔가에 깊이 몰입한 뒤 밀려오는 피로감은 내 존재 가치를 증명하는 기분 좋은 성취감이 될 수 있다.

하지만 나도 모르게 습관적으로 쏟아내는 짧은 말 속에는 스스로도 미처 눈치채지 못한 나의 현재 상태가 고스란히 드러나곤 한다. 어쩌면 내 안의 내가 보내는 구조 신호일지도 모른다.

우리의 몸과 마음은 기계가 아니다. 쉼 없이 풀가동하면 언젠가 반드시 한계 상황에 도달하고 만다. 일과 생활의 균형이 무너지고 신체적, 정신적, 정서적 에너지 고갈 상태가 장기간 지속되면 번아웃의 위험성이 커진다. 치러야 할 삶의 대가가 더욱더 커지는 것이다. 지극히 단순하고도 명확한 사실을 머리로는 알면서도 내 몸이고 내 마음이니 누구보다 내가 잘 알고 잘 관리할 수 있다고 자만했다.

워킹맘으로 살면서 꽤 오랜 기간, 꽤 여러 번 심각한 번아웃을 경험했다. 육아홀릭에서 워커홀릭, 성장홀릭이 되기까지 하얗게 불태우는 날들의 연속이었다. 몸과 마음의 한계 상황을 자주 경험했지만 피곤함은 성취의 증거요, 무기력과 우울감은 극복해야 할 대상이자 전적으로 의지의 문제라고 생각했다. 그럴수록 스스로를 더욱 세차게 채찍질하며 어서 일어나 달리라고 다그쳤다. 그래야만 하는 줄 알았다. 다 그렇게 사는 줄 알았다. 그러는 사이 다 타버리고 소진되어 하얗게 재만 남은 것도 모른 채.

○   원망과 자책에서
자유로 나아가기까지

모든 지표가 번아웃을 가리키고 있었다. 번아웃 테스트를 굳이 하지 않아도 알 만큼 신체적, 정신적, 정서적으로 심각한 탈진 상태였다. 그럼에도 가족은 물론 주변에 도움을 청하거나 나를 돌볼 방법을 적극적으로 강구할 생각은 전혀 하지 못했다.

각자도생의 시대에 대체 누구를 믿고 누구에게 의지한단 말인가? 갓생 1세대인 우리 세대는 혼자 버티고 감당하고 극복하는 게 당연하고 익숙했다. 도움을 청하거나 받는 건 애초에 선택지에 없었고, 그게 마음 편했다.

돌이켜 생각해보면 20여 년의 직장 생활 중 주변 동료로부터 번아웃을 경험했다는 이야기를 들어본 기억이 거의 없다. 그건 낙오자들의 변일 뿐, 경쟁과 평가의 조직 사회에서 자신의 나약함과 무능함을 스스로 실토하는 어리석고 위험한 행동이라 생각했다.

힘들어도 괜찮은 척, 이 정도쯤 아무것도 아닌 척 버텨야 한다. 그게 미덕이고 능력이고 실력인 세상이라 생각했다. 그렇게 오랜 시간 번아웃을 숨기고 방치하다가 업무는 물론 일상도 지속할 수 없는 상태에 이르고 말았다.

건강이 먼저 무너졌다. '이러다 정말 죽을 수도 있겠구나' 싶었다. 태어나 처음으로 죽음의 공포를 맛본 뒤 마지막까지 나를 지탱하던 의지도 함께 무너졌다.

처음에는 지금 내 상황을 주변에 어떻게 설명해야 하나 고민했지만 무너진 건강 앞에 나의 의지나 계획 따위는 별 소용이 없다는 걸 이내 깨달았다.

이런저런 궁리를 하며 끝까지 버텨보려 했지만, 그 고민으로 마지막 남은 에너지를 모두 소진한 뒤 몸도 마음도 강제로 종료되었다. 일도, 생각도, 미팅도, 프로젝트도, 이메일도, 집안 청소도, 아이 숙제도…. 거짓말처럼 모든 게 한 번에 멈춰 섰고 한동안 꿈도 꾸지 않고 깊은 잠을 잤다.

'어쩌다 이렇게 되었을까?' 조금씩 생각이란 걸 할 수 있게 된 무렵부턴 하릴없이 침대에 누워 상황을 원망하고 끝까지 버텨내지 못한 못난 내 나약함을 꾸짖었다. 자책과 원망의 시간이 지나자 허무함이 몰려왔다. '무엇을 위해 그렇게 열심히 달려온 걸까? 내가 죽고 나면 이 모든 게 다 무슨 소용이란 말인가?' 침대에 누워 있는 나를 제외하곤 온 세상이 너무도 잘 돌아가는 듯싶었다.

심지어 어떤 일은 내가 관여하지 않자 더 잘 돌아가는 듯 보였다. 지금껏 나를 필요로 했던 일들, 나의 애씀과 희생, 헌신을 강력히 요구하던 일들이 나 없이도 잘 돌아간다는 사실에 서운함을 넘어 배신감마저 들었다.

그런데 놀랍게도 이내 안심에 가까운 자유로움을 느꼈다. 내가 없어도 세상은 잘 돌아간다는 사실은 마치 아르키메데스가 "유레카"를 외쳤던 순간처럼 경이로운 발견의 순간이었다.

마침내 난 자유로울 수 있겠다고 생각했다. 그동안 애쓴 덕분인지, 시간의 힘인지, 내가 집착을 내려놓은 덕분인지 알 수 없지만 나 없이도 모든 게 잘 돌아가고 있다는 사실만은 분명했다.

이 얼마나 멋지고 대단한 일인가! 그동안 내내 꿈꾼 진정 자유로운 삶이 마침내 실현된 순간인지도 모른다. 지금의 자유롭고 편안한 감정을 지닌 채 살고 싶다는 강한 욕구를 느꼈다.

○ ## 그만둘 결심 혹은 자유로워질 결심

어쩌면 그때, 번아웃이 내 몸과 마음에 들이닥쳤을 때 다니던 직장을 그만두고 잠시 멈춰 설 결심을 했는지도 모르겠다. 워킹맘으로 살면서 끝나지 않는 전속력 달리기 경주를 하고 있다고 생각하곤 했다. 멈춰 서면 실격이다. 레인을 벗어나도 실격, 흐트러진 모습을 보여도 실격, 실격, 실격….

머리카락이 쭈뼛 설 만큼 추운 겨울밤, 눈밭 위를 맨발로 달리는 듯했다. 춥고 무섭고 힘들고 외로웠지만 실격당하지 않기 위해 온 힘을 다해 달리고 또 달렸다. 대체 왜 달리는지, 무엇을 위해 달리는지, 누구를 위해 달리는지 알지 못한 채 무작정 계속 달렸다. 언제까지 달려야 하는지 궁금해할 새도 없이, 누군가에게 물어볼 새도 없이 그저 계속 달렸다.

질문은 속도만 늦출 뿐이다. 무용하고 위험한 생각들은 내버리고 일단 앞만 보고 계속 달려야 한다고 속으로 계속 되뇌었다. 질문 뒤에 올 답이 두려웠던 건지도 모른다. 지금까지의 노력과 애씀, 그리고 힘듦이 아무것도 아닌 게 될까 봐.

달리기에 제법 적응해 잘 달리고 있다고 생각한 순간 어이없게도 내 발에 걸려 넘어지고 말았다. 처음에는 넘어진 게 너무 창피해 도저히 일어날 용기를 내지 못했다. 한편으론 다행이라는 생각이 들더니 조금 지나선 편한 마음도 들었다. 그래서 잠시 이대로 엎드린 채 생각이란 걸 해보기로 했다.

그러다 주변이 너무 고요해 불안한 마음으로 고개를 들어 살폈다. '엇? 여긴 어디지? 다들 어딨지?' 지금껏 생각한 혹독하고 살벌한 경기장이 아니었다.

경쟁자도, 심판도, 관중도 없었다. 하늘은 맑고, 주변엔 꽃들이 흐

늘거리고, 바람은 살살 불어오는 따뜻하고 푹신한 풀밭에 나 홀로 누워 있었다. 넘어진 김에 쉬어가는 것도 나쁘진 않겠다고 생각했다. 그래서 그대로 잠시 멈춰보기로 했다.

멈춰서니 편했다. 생각했던 것보다 훨씬 자유로웠다. 혹시 삶이 내게 보내는 신호가 아닐까? 그동안 애썼다고, 수고 많았다고, 이제 잠시 멈춰 서서 주변을 둘러봐도 된다고 다정한 손길로 내 등을 토닥이는 듯했다.

이유가 무엇이든, 결과가 어찌 되었든 지금 이 좋은 기분을 놓치고 싶지 않다는 생각이 점점 더 강해지고 있는 것만은 분명히 느낄 수 있었다.

'이제 난 어떻게 살아야 할까?' 삶의 변곡점마다 찾아온 질문이 또다시 나를 찾았다. 무엇을 어떻게 해야 할지 지금은 알 수 없지만, 나와 가족의 소중한 오늘을 희생하지 않고 내가 좋아하는 일을 지속할 방법을 찾고 싶었던 건 분명하다.

나다움을 지키며 나답게 살아갈 방법, 잔잔하고 평화로운 지금의 이 감정을 계속 유지할 수 있는 방법을 찾고 싶었다. 생각이 여기에 이르자 내 삶에 크나큰 변화를 일으킬 중대한 선택을 쉽고 빠르게 내릴 수 있었다.

○ 쉼표를 찍고
잠시 숨을 고르는 시간

번아웃은 능력 없음도, 자격 미달의 증거도, 남모르게 감춰야 할 치부도 아니다. 천벌처럼 혼자 견뎌내야만 하는 아틀라스의 형벌도 아니다. 내 현재 상황을 스스로 받아들이고 용기를 내 주변에 알려 도움을 요청하라는 삶이 보내는 구조 신호다.

그렇게 번아웃을 커밍아웃하자 그동안 내 몸을 칭칭 감고 있던 쇠사슬이 스르르 풀린 듯 후련했다. 내내 홀로 달리는 외로운 경주라고 생각했는데 아니었다. 망설임 끝에 어렵게 도움을 구하자 기다렸다는 듯 도움의 손길이 다가왔다.

한편으론 안심되고 한편으론 감사했지만 여전히 부끄럽고 죄책감도 느꼈다. 이내 마음을 고쳐먹고는 '나는 지금 잠시 넘어진 것뿐이고 곧 다시 일어설 날이 올 거'라는 믿음을 가졌다. 내게 손을 내밀어주며 일으켜준 가족과 친구, 동료들에게 감사한 마음을 전할 날이 반드시 올 거라고 생각했다.

그제야 비로소 주변이 보이고 내 곁의 사람들이 보였다. 그들의 손을 기꺼이 잡기로 했다. 그동안 눈을 질끈 감고 달리느라 몰랐을 뿐 그들은 늘 곁에 있었다.

백지장도 맞들면 낫다는 속담처럼, 함께 가면 더 멀리 간다는 말처럼 함께 가는 법을 조금씩 배우며 함께 가자고 결심한다. 나 또한 나와 함께 가는 이들이 넘어진다면 기꺼이 도움의 손길을 내주리라 다짐하며.

번아웃을 커밍아웃하고 회사와 가족의 도움을 받으며 한동안 치료와 회복에 집중했다. 하지만 오랜 시간 몸과 마음에 쌓인 피로를 단기간에 모두 털어내기란 역부족이었다. 지금 이대로 예전의 삶으로 돌아간다면 번아웃이 반복될 게 분명했다.

하지만 워킹맘으로 수많은 고비를 넘기며 지금까지 힘겹게 쌓아온 커리어를 중단한다는 건 결코 쉬운 결정이 아니었다. 내 손과 발로 하나하나 힘겹게 이뤄낸 그간의 성취를 내 손으로 내려놓는다는 건 살을 도려내는 듯 고통스러운 일이었다.

마흔 중반 나이에 이대로 멈추면 영영 커리어를 잃게 될까 봐 두려웠고 과연 다시 시작할 수 있을지 불안했다. 남들은 다들 잘 버티며 잘 살아가는데 왜 나만 이러는지 한심하고, 결승점을 코앞에 두고 중도 포기를 선언하는 선수가 된 듯 내 자신이 한없이 초라하게 느껴졌다. '여기까지 왔는데 한 걸음만 더 가볼까?' 하고 아쉬움과 미련이 계속 내 발목을 잡고 있었다.

나아갈 것인가, 잠시 멈춰 설 것인가. 그야말로 햄릿의 고민이 시작되었다. 하지만 넘어진 김에 쉬어 간다는 말처럼 번아웃으로 넘어진 지금이 내 삶을 재정비하고 다시 일으켜 세울 절호의 기회일지도 몰랐다. 결국 마음속 깊은 곳에서 꿈틀대는 뭔가가 그 모든 우려와 고민을 이겨냈다.

그래, 긴 호흡의 문장을 매끄럽게 쓰려면 쉼표를 적절하게 사용해야 하듯 직장인으로 사는 삶에 잠시 쉼표를 찍자. 쉼표도 마침표도 없던 삶에 과감하고 단호하게 쉼표를 찍고 잠시 숨을 고르자. 내 삶에서 '일'이라는 문장은 아직 끝나지 않았고 내 커리어의 성장 여정은 계속될 것이기에.

쉼표란 이런 것이구나, 실로 오랜만에 편안함을 느꼈다. 매끄럽고 완벽한 문장에 대한 집착을 버리니 이렇게 편안한 것을. 이제부터 '일'이라는 문장, '육아'라는 문장, 그리고 '성장'이라는 긴 삶의 문장에 쉼표를 적절히 사용하자고 다짐한다.

번아웃의 신호가 여기저기 보이는데도 '괜찮을 거야, 다 그렇게 사는 거지 뭐' 하며 그냥 지나치고 있는가? 하얗게 불타고 있는 나를 그저 지켜보고만 있진 않은가?

번아웃을 커밍아웃하는 것도, 열심히 달리던 삶에 쉼표를 찍는 것도 결코 쉬운 일이 아니라는 걸 잘 안다. 나 역시 17년이라는 긴 시간이 걸렸으니까.

그렇기에 더더욱 강조한다. 그저 참고 견디는 건 인내심도, 참을성도, 미덕도, 능력도, 실력도 아니다. 변화를 거부하고 고집과 두려움으로 지금에 집착하는 마음이다. 그 마음을 버리지 못하는 내 미련함이다. 배탈이 나서 더 이상 먹을 수 없으면서도 녹아 흘러내리는 아이스크림을 손에서 놓지 못하는 어린아이의 심정 같은 것이다. 나와 내 소중한 삶에 대한 무지이고 무능력이다.

그럼에도 여전히 망설이고 있다면 스스로에게 다음 질문들의 답을 내려보자. '아무런 제약이 없다면 당신이 진짜 하고 싶은 일은 무엇인가?' '지금은 나아갈 때인가 멈춰 설 때인가?' '나아가려 한다면 혹 멈추고 싶다면, 마음속 깊은 곳의 갈망과 해결되지 않은 진짜 욕구는 무엇인가?'

○ 자기 돌봄이야말로
최적의 번아웃 극복법

인간은 태어난 순간부터 누군가와 관계를 맺고 그 관계 속에서 돌봄을 주고받으며 살아간다. 사람으로서, 어른으로서, 엄마로서, 아내로서 역할에 따른 책임과 의무를 다하고 희생과 헌신을 마다하지 않는 돌봄의 경험에서 살아갈 이유와 삶의 목적을 찾는다.

타인의 안녕을 먼저 살피고, 그들의 성숙과 자기실현 여정을 돕는 일은 세상 어떤 일보다 보람되고 가치 있는 일이다. 그러나 진정한 돌봄은 다른 누구도 아닌 나를 돌보는 경험에서 비롯된다.

스스로를 정성껏 돌보며 좋은 관계를 맺은 사람만이 의무나 희생이 아닌 자신을 돌보듯 타인을 정성껏 돌볼 수 있다. 나를 돌볼 줄도 모르면서 의무와 책임감만으로 타인을 돌보면, 어느 순간 소진되고 나와의 관계마저도 무너져 결국 누구도 돌볼 수 없는 상태에 이르고 만다. 나를 돌봐줄 단 한 사람이 있다면, 바로 나 자신이다. 엄마에게도 엄마가 필요하다는 말처럼 내가 나의 엄마가 되어야 한다.

이미 너무 많이 타버린 나를 지금이라도 돌보지 않으면 육체적 회복은 물론 정신적, 정서적 회복마저 영영 어려워질 수 있다. 자신과 대화하며 내 진짜 마음이 무엇인지 살펴보고 인정해주고 보듬어주고 공감하며 내가 먼저 내게 좋은 사람, 좋은 친구, 좋은 양육자가 되어야 한다. 그래야 타인도 공감을 바탕으로 돌볼 수 있다.

그렇게 내 마음에 귀 기울이고 나에 대한 믿음을 회복한 뒤, 함께하는 이들을 믿고 용기를 내 현재 상황을 당당히 커밍아웃하자. 적극적으로 주위에 도움을 요청해 필요한 지원을 받아라.

그리고 열심히 살아온 시간만큼 나를 위한 잠시 멈춤의 시간 또한 당당히 가져라. 스스로를 적극적으로 돌보며 좋은 관계를 회복하자. 당신은 그럴 자격이 있고 또 그래야 한다.

당신은 세상에 단 하나뿐이고 대체 불가능한 소중한 존재다. 당신의 삶 역시 오직 단 한 번뿐이고 누구도 대신 살아줄 수 없다. 내일을 기약하며 오늘의 나를 모두 소진해버리면, 내일이 온다 해도 또 다른 내일을 위한 기약 없는 희생과 끝없는 소진의 반복일 뿐이다.

번아웃을 삶의 위기가 아닌 삶의 변곡점이자 새로운 삶을 시작할 기회로 만들어갈 선택은 오직 당신만이 할 수 있다. 당신 스스로를 돌보는 것에서 시작될 것이다.

○ 이상과 현실의
괴리에서 빠져나오자

번아웃, 슬럼프, 매너리즘, 권태기…. 용어는 달랐지만 살면서 꽤 여러 번 크고 작은 삶의 업 앤 다운을 경험했다.

워킹맘 15년 차, 일과 육아 모두 어느 정도 안정기에 접어들었다. 기적처럼 자유 시간이 생기며 취향을 찾고 취미를 만들고 매일 새벽 루틴을 실천하며 나를 찾는 여정을 막 시작한 터였다. 업무적으로도 나름의 성과를 이룬 몇 년이었다.

팀의 리더가 되며 업무적인 도전도 많았지만 그만큼 성취의 기쁨은 컸고 자신감도 높아졌다. 갑작스레 찾아온 코로나19 팬데믹 상황 속 재택근무도 익숙해진 터였다.

신체적, 정서적으로 더 힘든 시간도 분명 많았는데 왜 하필 지금인가? 여기까지가 나의 한계인 걸까? 의지가 약해진 탓인가? 일, 육아, 성장을 다 가지려 했던 내 욕심이 부른 화일까?

돌이켜 생각해보면 그 모든 게 원인이고 이유였다. 엔진이 과열된 것도 모른 채 속도에 취해 연신 액셀러레이터를 밟아댔다. 경고등이 깜빡여도 조금만 더, 조금만 더를 외치며 무시하고 지나쳤다.

그러니 번아웃은 나에 대한 무지와 일, 성장에 대한 중독에 가까운 집착이 낳은 당연한 결과였는지도 모른다. 하지만 이제 와서 자책하고 원인을 찾는다 한들 무슨 소용이란 말인가?

지금 이 순간 가장 확실한 건 넘어졌고 삶에 위기가 닥쳤다는 사실이다. 위기라는 단어는 위험과 기회를 함께 품고 있다고 하지 않던가?

그러니 지금 내가 할 수 있는 최선은 넘어진 이유가 아니라 넘어진 이곳에서 다시 시작할 기회를 찾는 것이다. 과거의 선택이 틀렸다면 이제부터 다른 선택을 통해 위기를 기회로 만들어가면 된다.

번아웃의 원인을 파헤치며 자책하기보다 번아웃에서 자유로울 방법을 찾기로 했다. 삶에 흔들리고 방향을 잃을 때마다 찾곤 했던 책을 다시 손에 들었다.

마흔 이후의 삶에 관한 책, 명상에 관한 책, 성공한 사람들의 번아웃 경험에 관한 책을 읽으며 그들이 어떻게 인생의 어려움을 극복하고 더 큰 성장과 성취를 이뤘는지 배워갔다.

조나단 말레식의 『번아웃의 종말』에서 실마리를 찾았다. 말레식은 젊은 나이에 평생 목표하고 동경했던 종신 교수가 되며 사회적인 성공과 안정된 삶을 누렸다.

그러나 성공의 기쁨도 잠시, 종신 교수가 되고 얼마 지나지 않아 이상과 현실의 심각한 괴리에 빠졌다.

그의 이상이었던 교수라는 직업의 현실은 태만한 학생을 가르치고 과도한 행정 업무에 시달리는 삶이었다. 현실에 좌절하고 삶의 방향성을 잃은 그는 번아웃에 시달리다 몇 번의 휴직 끝에 교수를 스스로 그만두고 말았다.

말레식은 번아웃의 이유를 일에 대한 우리 사회의 지나친 이상주의와 일의 지극한 현실 사이의 괴리에서 찾는다. 그러나 환경과 문화의 변화는 하루아침에 바꿀 수 없는 거대 담론이다. 당장 내 눈앞의 현실을 구원하지 못한다.

말레식은 이상과 현실의 조화를 추구하며 사는 이들을 취재한 후 자신만의 현실적인 대안을 찾는다. 번아웃에서 자유롭고 무리하지 않는 삶을 위해 불완전한 선택을 한다.

평생 업이라 생각하는, 가르치는 일을 지속하고자 종신 교수라는 사회적 지위와 부를 포기한 대신 시간 강사의 여유와 적당한 책임감을 선택한 것이다.

이상과 현실의 완벽한 조화란 두 마리 토끼를 동시에 잡으려는 것과 같다. 둘을 동시에 잡으려는 욕심과 집착을 내려놓지 않으면 번아웃에서 영영 자유로울 수 없을지도 모른다.

결국 어떤 것에 더 큰 가치를 두느냐, 지금 내 삶의 현실에서 어떤 것이 우선순위에 있는가에 따른 개인의 선택이고 몫이다. 그에 따른 대가를 기꺼이 감수할 용기와 책임 또한 필요하다.

번아웃에서 아웃하는
일상 속 실천법

지금 이대로의 나를 인정하고 칭찬하기

지금 번아웃을 겪고 있다면 혹은 어느 날엔가 번아웃이 찾아온다면, 가장 먼저 할 일은 그동안 최선을 다해 살아온 나를 인정하고 칭찬하는 것이다. '고생 많았어. 네가 정말 열심히 해왔다는 걸 누구보다 내가 잘 알고 있어. 수고했고 정말 잘 해냈어!' 하고 말이다. 최선을 다해 열심히 살아온 나의 애씀과 노력의 시간은 칭찬받아 마땅하다. 그리고 덧붙여 말해주고 싶다. 괜찮지 않아도 괜찮다고.

번아웃 커밍아웃하기

말하지 않으면 아무도 모른다. 번아웃을 삶의 위기가 아닌 내 삶의 안전지대에서 벗어나 더 큰 성장을 향해 힘차게 나아가는 티핑 포인트로 만들 방법, 바로 '번아웃 커밍아웃'이다. 타인이 나의 상태를 알아주길 바라지 말고 적극적으로 알려라. 그리고 필요한 도움을 받는 게 치유와 회복의 시작이다.

삶이 보내는 신호를 예의주시하기

번아웃은 날벼락 같은 사건 사고가 아니다. 알아채지 못했거나 무시하고 지나쳤을 뿐 삶은 늘 크고 작은 신호를 보낸다. 지금이 나아갈 때인지, 멈춰 서 준비해야 할 때인지 삶의 신호가 바뀌는 순간을 놓치지 않고자 늘 스스로를 살피고 예의주시하라. 충분히 예상하고 준비할 수 있다.

때때로 눈치코치 없어지기

의무와 책임을 다하는 삶은 분명 숭고하지만, 의무와 책임만 남은 삶은 허무하고 공허하다. 나의 삶은 나의 것, 그들의 삶은 그들의 것이다. 나는 타인의 기대에 부응하고자 이 세상에 존재하는 게 아니다. 내 삶의 중심에 나를 다시 세우고, 나를 돌보기 위해서라면 때로 타인의 기대를 단호하게 거절하고 오직 나를 위한 선택을 한다.

내게 먼저 다정해지기

가족과 타인을 돌보기 위해 애쓴 시간만큼 내게 보다 너그러워지자. 억울하지 않을 만큼이 아니라 이기적이어서 미안하다 느낄 만큼 내게 베풀고 나를 먼저 챙겨라. 나의 가장 오랜 친구이자 삶의 마지막 순간까지 나와 함께할 나, 내 기대치에 부응하고자 노력할 때 지속 성장하는 삶 또한 가능하다는 걸 잊지 말자.

몸과 마음의 맷집을 단단하게

삶의 힘든 시기가 왔을 때, '몸(체력)과 마음(정신력)' 둘 중 하나만이라도 지탱할 힘이 남아있으면 극복하기가 한결 수월하다. 원하는 걸 얻고 싶고 원하는 삶을 지속하고 싶다면 숨 쉬듯, 일하듯, 공부하듯 매일 꾸준히 몸과 마음의 기초 체력을 단단히 해야 한다. 그런 노력이 쌓여 지속 성장 여정을 단단하게 지지하는 든든한 삶의 기틀이 제대로 설 것이다.

나다움의 정의를 찾아라

'어떤 삶을 살고 싶은가?'라고 물으면 열에 아홉은 '행복한 삶'이라고 답한다. '행복한 삶'의 의미를 재차 물으면 명쾌한 답을 내놓는 이는 많지 않다. 반면 내게 '행복한 삶'이란 정형화된 형식이 아니라 나다움의 정의를 찾고 주체적인 삶을 위해 노력하는 과정에서 만들어지는 순간순간의 감정이지 않을까 생각한다. 당신다운 삶을 위한 당신다운 행복의 정의는 무엇인가?

매일 조금씩 꾸준히 성장하라

실패보다 두려운 건 제자리에 머물러 있는 자신을 자각하는 순간이다. 삶의 허무와 공허를 이겨내고 번아웃에 시달리지 않을 방법은 매일 조금씩 그리고 꾸준히 성장하는 것이다. 어제의 노력이 쌓여 오늘의 내가 되는 거라는 사실을 잊지 말고, 최악의 상황이라 생각되는 순간에도 내일의 나를 위해 매일 0.00001%의 성장을 목표로 나아간다.

힘들 땐 잠시 멈춰도 괜찮다

번아웃을 유발하는 환경 속에서 무조건 버티는 게 능사는 아니다. 끝까지 밀어붙이려는 마음과 멈춰 설 줄 아는 것의 적정선을 안다는 건 어려운 일이다. 일상에서 번아웃의 신호를 미리미리 살피고 때때로 잠시 멈춤의 시간을 가지며 숨을 고른다. 잠시 멈춤은 삶이 영원히 멈추는 게 아니라 2보 전진을 위한 1보 후퇴라는 걸 기억하라.

평생 즐길 업을 찾아라

이상적인 워라밸은 해야 하는 일과 좋아서 하는 일이 공존하며 함께 성장하는 삶이다. 일이 언제나 즐거울 수만은 없다. 그럼에도 나도 모르게 빠져들고 신명 나게 할 수 있는 설렘 있는 일을 탐색하라. 또 삶을 풍요롭게 할 취미를 찾는 노력 또한 필요하다. 그런 노력들의 중간쯤에서 이상적인 워라밸 타협점을 발견할 수 있으리라.

○　　　　마음 알아차림 셀프 코칭 대화법　　　　○

아래 질문을 스스로 묻고 답하며 내가 진짜 원하는 게 무엇인지 나의 마음을 천천히, 조금씩 찾아가는 연습을 해보자.

Q.　지금 기분이 어때? (감정 자각 및 표현하기)
　　(예: 좀 우울하고 힘이 없네.)

Q.　지금 나의 에너지 레벨을 1~10점 사이 점수로 매긴다면?
　　(예: 3점 정도 될 것 같아.)

Q.　그렇구나. (　)점을 준 이유는 뭐야? (감정의 원인, 생각, 사건 확인)
　　(예: 오늘 회사에서 일이 잘 안 풀렸거든. 집에 와서 남편과 대화를 나눴는데 상사 편을 드는 거야. 난 그저 위로받고 싶었는데 내 마음을 몰라줘서 서운하고 속상했어. 무엇을 위해 그렇게 애쓰며 산 건지 허무하더라. 가족조차 내 편이 아닌 것 같아 더 외로운 기분도 들었어.)

Q.　많이 속상했겠다. 앞에 요술램프가 있다고 상상해 봐. 요정이 지금 상태에서 벗어날 수 있게 해준다면 몇 점 상태가 되고 싶어? (욕구 및 목표 확인)
　　(예: 8점 정도? 기분이 가볍고, 에너지가 넘치는 상태로 돌아가고 싶어.)

Q.　무엇을 하면 네가 원하는 점수로 갈 수 있을까? (대안 탐색)
　　(예: 우선 좋아하는 음악을 들으면서 반신욕을 하고, 편안한 잠옷을 입고 푹 자면 기분이 좀 나아질 것 같아.)

Q. 좋은 생각이야. 또 뭘 시도해볼 수 있을까? (목표 상태로 변화, 발전하기 위한 추가 대안 탐색)

(예: 내일은 일찍 일어나서 가벼운 운동을 하고, 아침을 먹고 출근하면 힘이 날 것 같아. 회사에서 일이 잘 안 풀릴 때는 혼자 끙끙대지 말고 동료나 상사에게 피드백을 요청해보는 것도 도움이 될 것 같아. 그리고 가족들과 대화를 나누기 전에 지금 내 상황과 원하는 걸 좀 더 솔직하게 말하면 서로 오해를 덜고 기분 좋은 대화를 할 수 있을 것 같아.)

Q. 좋은 아이디어야. 지금 말한 것들을 모두 시도해서 네가 원하는 상태가 된다면 기분이 어떨 것 같아? (원하는 모습 상상하기)

(예: 기분이 정말 상쾌하고 마음이 한결 가벼울 것 같아. 일도 잘 풀리고 가족들과도 좋은 관계를 유지할 수 있을 것 같아.)

Q. 좋아. 지금 느낀 그 기분을 계속 이어가기 위해서 지금 당장 뭘 시도해볼 수 있을까? (구체적 실행 계획)

(예: 오늘 저녁에 반신욕을 하면서 음악 감상을 해볼 수 있을 것 같아.)

Q. 방해 요소는 없니? 방해 요소가 있다면 어떻게 해결할 수 있을까? (방해 요소 제거)

(예: 아이가 자기 전에 책을 읽어달라고 할 거야. 책을 읽다가 나도 피곤해서 같이 잠들 수도 있을 테고. 오늘은 남편한테 아이에게 책을 읽어주라고 부탁하고 아이에게도 나의 휴식 시간을 미리 말해두면 도와줄 것 같아.)

Q. 아주 좋은 계획이야. 잘 해낼 거라 믿어. 잊지 말고 하나씩 꼭 실행해보자. 파이팅!

(예: 고마워. 점수를 올리는 일이 생각보다 어렵진 않네. 지금 생각한 방법들을 차례대로 실천해볼게. 파이팅!)

번아웃 셀프 진단 테스트

번아웃은 방치하면 심각한 건강 문제를 유발할 수 있다. 번아웃 셀프 진단 테스트로 번아웃의 가능성을 자가 진단해보고, 필요에 따라 자신에게 맞는 적절한 대처 방법을 찾거나 전문적인 도움을 받는다.

〈유의 사항〉
- 각 문항에 대해 1~5점 사이로 자신의 상태를 솔직하게 평가한다.
- 점수를 매길 때는 해당 증상이 일상생활에 얼마나 큰 영향을 미치는지 고려한다.

1(증상이 거의 없다) / 2(증상이 약간 있다) / 3(증상이 뚜렷하다) /
4(증상이 심하다) / 5(증상이 매우 심하다)

문항	증상	
1	일을 하거나 책임을 맡는 게 힘들다	
2	일과 개인 생활의 경계가 모호해졌다	
3	업무의 집중력이 떨어졌다	
4	피로감이 심하다	
5	직장 동료나 상사와의 갈등이 잦다	
6	혼자 있는 걸 불편하게 느낀다	
7	일에 대한 의욕이 떨어졌다	
8	부정적인 생각이나 감정이 많아졌다	
9	업무 때문에 일상생활에 어려움을 겪는다	
10	자신의 가치와 능력에 대해 부정적으로 평가한다	
총합		

마흔의 시간

〈결과 해석〉

- 40점 이상: 심각한 번아웃 증후군으로 판단
- 25점 이상 39점 이하: 중간 정도의 번아웃 증후군으로 판단
- 24점 이하: 경미한 번아웃 증후군으로 판단

번아웃 증후군은 다양한 원인과 환경에 기인할 수 있으므로 문항 몇 개로 정확하게 진단하는 건 어렵다. 테스트 결과는 참고용으로만 사용해야 하며 번아웃 증후군이 의심되는 경우 전문 상담을 받는 게 좋다.

〈참고 사항〉

- 이 테스트는 마슬라흐 번아웃 인벤토리와 한국생산성본부의 번아웃 증후군 진단 매뉴얼 등을 바탕으로 생성형 AI 툴에 의해 개발되었다. 번아웃 증후군의 위험을 조기에 발견하고 예방하기 위한 개인 사용 목적이며 어떤 상황에서도 의료 및 치료 목적 또는 상업적 용도로 사용해선 안 된다.
- 국가정신건강정보포털(https://www.mentalhealth.go.kr)에서 생애주기별 자가검진, 우울증, 불안장애 진단 등처럼 나의 현재 상태를 파악하고 예방할 수 있는 셀프 진단 툴과 다양한 정보를 얻을 수 있다.

5장

위기 극복을 위한
지속 가능
일상 루틴

○   회의와 공허 속에서도
고뇌하는 인간의 초상

삶의 위기는 이제 겨우 좀 살 만하다 싶을 때 허를 찌르듯 맹렬한 기세로 달려든다. 힘겹게 쌓아 올린 안정된 삶의 기틀이 한순간에 무너지고 감당할 수 없는 시련과 고통에 허우적거리다 보면, 삶의 안정과 평온이라는 게 영원히 가닿을 수 없는 사막의 신기루처럼, 바닷가의 모래성처럼 느껴진다.

그동안 난 대체 무엇을 위해 그렇게나 열심히 살아온 것인가? 그 많은 노력과 애씀과 희생이 대체 무슨 소용이란 말인가? 이제 난 뭘 해야 하지? 뭘 할 수 있지? 내가 평생 해온 일이라곤 파도에 쉽게 휩쓸리고 말 모래성뿐인데?

그동안 그토록 정성껏 쌓아 올린 내 아름답고 멋진 성이 고작 한 번의 파도에도 흔적 없이 사라지고 마는 바닷가 모래성이었다는 사실을 자각하는 것이야말로 가장 두렵고 피하고 싶은 위기의 순간인지도 모른다. 삶에 대한 회의, 허무, 공허가 더 큰 고뇌의 파도가 되어 일상을 덮치고 삶을 무너뜨리기 시작한다.

누구도 예견할 수 없고 장담할 수 없는 삶과 운명 앞에서 고뇌는 인간의 숙명인지도 모른다. 빛과 어둠 그리고 그림자처럼, 행복과 불행 그리고 고뇌도 함께할 수밖에 없는 인생의 3종 세트 같은 게 아닐지 생각한다.

안갯속을 걷듯 한 치 앞도 알 수 없는 인생길에서 확실한 건 지금 이 순간, 고뇌하는 나 자신뿐이다. 그렇다면 르네 데카르트의 명제 '나는 생각한다, 고로 존재한다'는 '나는 고뇌한다, 고로 존재한다'로 바뀌어야 한다.

고뇌하기에 존재하고 고뇌하기에 인간인 우리는 '고뇌하는 인간(Homo Patience)'이다. 그렇다면 삶의 위기 속에서 우리가 할 수 있는 일이란 그저 고뇌하는 것뿐일까?

물론 당연히 그렇진 않을 것이다. '고뇌하기에 인간'이라는 명제를 받아들인다는 건, 고뇌 자체에서 벗어나고자 애쓰거나 고뇌하는 나를 고뇌하기보다 고뇌 속에서도 계속 성장하며 살아가겠다는 의지의 표명이다.

불안과 두려움 속에서도 한 걸음 내딛는 내 두 발의 성실함으로, 회의와 공허 속에서도 어둠 저편에 희미하게 빛나는 빛을 찾으려는 내 두 눈의 의지력으로 계속 나아가는 것만이 고뇌하는 인간의 숙명인지도 모른다.

언제 어떻게 들이닥칠지 모를 삶의 위기를 영원히 그리고 완벽하게 피할 방법은 없다. 생김새도 사는 모양새도 모두 제각각이니 각각의 삶에 딱 들어맞는 삶의 위기 극복 방법 또한 없다고 생각하는 편이 나을 것이다. 모두에게 통하는 방법이 있다고 주장하는 이가 있다면 아마도 사기꾼이거나 진정 어리석은 사람이리라. 그렇다면 자기계발서, 철학, 심리학, 사주, 명리학에 이르기까지 수많은 책과 강연들은 더 이상 필요 없을 것이다.

다만 수많은 삶의 위기와 고뇌의 시간을 통과하며 발견한 사실 하나는 있다. 삶의 위기는 성장을 멈추는 순간, 현재에 안주하려는 안일한 생각을 하는 순간 어김없이 찾아온다는 것이다.

구르는 돌에는 이끼가 끼지 않는다고 하던가? 삶도 그렇다. 지속 성장하는 삶에는 삶의 위기가 오래 머무르지 못한다. 그저 지나가는 이벤트일 뿐이다. 그러나 성장하길 멈추는 순간, 바위에 이끼가 끼듯 삶에도 무서운 속도로 위기가 달라붙기 시작한다.

그러니 삶의 위기를 극복할 방법은 다른 데 있지 않다. 구르는 돌이 되는 것이다. 계속 나아가고 성장하는 선택을 하는 것이다. 앞이 보이지 않는 어둠 속에서도 한 발 한 발 내디뎌야 끝에 가닿을 수 있다. 오늘의 작은 성취에 안주하지 않고 다음을 꿈꾸며 지속 성장하는 삶을 추구해야 한다.

물론 알 수 없는 인생길에서 또 다른 위기가 금세 찾아들어 앞을 막아서면 이젠 도저히 어찌할 방법이 없다고, 자포자기하게 될지도 모른다.

그럴 땐 잠시 쉬어 가도 괜찮다. 잠시 숨을 고르며 어떻게 이 장벽을 넘어설지 아니면 옆길로 비켜 갈지 방법을 찾은 뒤, 다시 또 나아가면 된다.

○ 지속 성장하는 삶의 출발점, 지금–여기

우리의 삶은 과거도 미래도 아닌 현재, '지금–여기'에 있다. 지금–여기에서 오늘이라는 현재를 온전히 사는 일, 계속해서 움직이고 나아가며 새로운 지금–여기를 만드는 일, 시련과 고통의 시간을 삶의 의미 있는 배움과 성장의 기회로 만드는 일, 그리하여 삶의 위기를 지난날의 의미 있는 경험으로 저장하려는 노력이야말로 피할 수도 없고 피해지지도 않는 삶의 위기를 극복하는 현명한 대처법이리라.

삶의 위기가 호락호락하거나 만만하다는 뜻은 아니다. 겨울이 춥다는 걸 매년 경험하고 그 강도를 안다고 해서 오늘 내가 겪고 있는 한겨울 한파가 누그러진다거나 덜 추운 게 아니듯, 삶의 위기도 그렇다. 막상 닥치면 언제나 처음처럼 새롭게 낯설고 힘겹다.

그럴 때 할 수 있는 최선은 난방을 미리미리 하지 않은 걸 후회한다거나 내일 추위를 미리 걱정하는 게 아니라, 지금 당장 내의를 한 겹 더 챙겨 입는다는지 목도리를 두르는 것이다. 추위를 이겨낼 구체적이고 현실적인 방법을 찾는 것이다.

갑작스러운 한파에도 일상은 계속되어야 하듯 삶의 위기 속에서도 오늘을 살아야 한다. 삶의 위기가 삶을 집어삼키지 않게 하기 위해선 삶의 든든한 지지대가 되어줄 기본을 챙기고 일상 루틴을 멈추지 않아야 한다.

나를 죽이지 못한 고통은 나를 더욱 강하게 만든다는 프리드리히 니체의 말처럼 나의 오늘을 정복하지 못한 삶의 위기는 과거의 일이요, 내일의 나를 더욱 강하게 성장시킬 자극제가 되어줄 뿐이다.

'지금' 내가 발붙이고 서 있는 '여기'에서 내가 할 수 있는 삶의 기본을 챙기며 묵묵히 '오늘'을 살아내는 것만이 시련과 고통을 하루라도 빨리 끝내고 내 삶을 성장시킬 의미 있는 과거의 경험으로 만드는 방법이다.

나와 내 삶을 위기에서 구제할 벼락같은 행운도, 동화 속 왕자님도 존재하지 않는다는 걸 이미 알고 있지 않은가? 내 삶은 오직 나만 구제할 수 있다는 것도 잘 알고 있다.

일상을 지키며 삶의 위기를 천천히 그리고 묵묵히 내 발로 뚫고 지나가는 것만이 최선, 최상의 위기 극복 방법이다. '지금-여기'에서 해야 할 오늘 나의 일이다.

○ 나만의 황금비를 찾아가는 마흔의 시간

1990년대 후반 케이블 TV가 본격적으로 보급되기 시작하고 24시간 방송 체제로 확대되기 전까지 지상파 TV의 정규 방송 시간은 오전과 오후로 나뉘어 있었다. 그 사이, 화면 조정 시간이란 게 있었다.

화면 조정 시간에 TV를 켜면 눈이 시릴 정도로 쨍한 화면 조정용 컬러 테스트 바가 화면을 가득 채웠다.

맞다, 요즘 각종 영상에서 화면 전환 시 뉴트로 감성으로 사용되곤 하는 무지갯빛 컬러 테스트 바가 브라운관 TV 화면을 가득 채운 바로 그게 맞다. 언뜻 무의미해 보이는 화면 조정 시간은 정규 방송 전 화면의 명도, 채도, 휘도, 선명도 등 기술적인 점검을 위한 시간이다. 매우 중요한 시간인 것이다.

마흔이란 나이가 그때 그 시절 화면 조정 시간 같은 나이가 아닐지 생각한다. 짧지도 길지도 않은 40여 년 인생을 살아오며 경험하고 배우고 쌓아온 다양한 삶의 이력들이 눈이 부시도록 제각각의 색을 뽐내며 화면 가득 채워지는 시간. 도무지 조화랄 것도 없고 때론 쓸모마저 없어 보이는 요란한 색들 사이에서 서로 간의 명도, 채도, 휘도, 선명도를 맞추고 조정하며 나만의 황금비를 찾아가는 시간. 곧이어 시작될 나라는 사람의 인생 드라마 시즌 2를 조화롭고 안정적으로 송출하기 위한 재정비 시간.

그런데 그거 아는가? 화면 조정용 컬러 테스트 바에 나타나는 다양한 색의 선들은 빛의 삼원색, 즉 빨강, 녹색, 파랑을 기본으로 한다. 디스플레이 장치에서 색을 표현하는 데 가장 일반적으로 사용되는 색 모델 RGB(Red, Green, Blue)는 빛을 혼합해 다른 색을 만들 수 있는 기본색이다.

RGB를 바탕으로 다양한 색을 만들면서 점차 자신만의 고유한

색, 세상에 단 하나뿐인 나만의 황금비를 발견해 나가는 게 인생이 아닐지 생각한다. 때론 너무 욕심을 부리거나 방법을 몰라 원하는 색이 나오지 않아 좌절할 때도 있지만, 그럴 땐 모든 색의 기본인 삼원색으로 돌아가 다시 시작하면 된다. 삶에서 기본이 중요한 이유, 기본을 놓치지 않아야 하는 이유다.

다채로운 삶의 모습은 삶의 기본이랄 수 있는 것들, 일견 사소해 보이기까지 하는 일상의 지극히 기본적인 것들에서 시작한다. 이를테면 잘 먹고 잘 자고 화장실에 잘 가는 것과 같은, 별것 아니고 대수롭지도 않은 평범하고 일상적인 일들 말이다.

얄궂게도 삶의 기본이 되는 것들의 중요함과 소중함은 그것을 잃고 나서야 깨닫는다. 삶의 기본이 무너지고 그동안 사소한 것들로 치부했던 것들이 일상의 한가운데를 차지하고 들어오면 마침내 '뭣이 중헌디'를 생각하기 시작하는 것이다.

〇 기본으로 돌아가 기본에 충실해야 하는 이유

마흔은 기본적이고 사소했던 것들의 반란이 시작되는 나이다. 삶의 만족과 일상 속 행복은 몸과 마음의 건강, 내적 충만 같은 삶을 이루는 가장 기본적인 것들에 충실할 때 가능한 거라는 걸 여실히 깨닫는다. 삶을 바라보는 관점과 태도가 변하기 시작하고 남에게 잘 보이기 위해 또는 자랑하기 위해 겉모습을 치장하는 일은 부질없다고 느끼기도 한다.

마흔 이전의 삶, 정확히 말하자면 20대 무렵까지의 삶은 내 의지와 상관없이 태어나면서부터 기본적으로 주어진 것들, 이를테면 외모, 체력, 가족, 성별, 국적 등 운명이라 생각하는 것들 안에서의 투쟁이다.

누군가에겐 선물이고 누군가에겐 시련이었을 각자의 기본값을 갖고 시작하는 기울어진 운동장에서의 게임 같은 것이다. 그러나 20대와 30대를 통과하며 인생이란 게임은 양상이 달라지기 시작한다.

그동안 각자에게 주어진 기본값을 어떻게 개발하고 차별화하며 자신만의 능력치를 개발했는가에 따라 반전 양상이 펼쳐지고 생각지도 못한 누군가는 눈부신 역전극을 펼치기도 한다.

마흔부터의 인생 게임에선 지금껏 경험하고 배우고 깨달으며 선택하고 만들어온 것들이 기본값이 된다. 내 손과 발로 직접 만들고 가꾸고 선택하며 지켜낸 나다움의 정의와 나다운 삶의 모습이 게임의 판도를 바꿀 비장의 무기가 된다.

내 것이 아닌 것으로는 더 이상 싸움을 이어갈 수 없다. 그동안 경험하지 못한 치열한 자기 생존 게임에선 더 이상 주어진 환경과 조건을 탓할 수도 기댈 수도 없다. 어찌 보면 공평하지만, 알고 보면 무서운 인생 게임이 시작되는 것이다.

마흔부터의 인생 게임에서 내 삶을 스스로 기획하고 선택할 수 있다는 자유로움은 그만큼의 불안과 두려움을 동반한다. 어떤 생각을 하고 어떤 태도를 갖고 어떤 선택을 하며 살아갈 것인가를 스스로 결정하고 실행하고 결과까지도 온전히 책임져야 하기 때문이다. 자유에는 책임이 따르고, 그 무게를 감당할 수 있는 자만이 결과도 누릴 수 있는 거라는 엄중한 삶의 가르침을 깨닫는다.

그렇기에 자유와 책임의 무게를 얼마만큼 감당할 수 있는가에 따라 마흔 이후의 삶은 누군가에겐 축복이 되고, 누군가에겐 재앙이 될 것이다.

관점을 달리한다면 살면서 한 번쯤 꿈꿨던 진정 나답게 사는 삶, 내 삶의 진정한 의미와 목적을 스스로 발견하며 만들어갈 수 있는 절호의 기회이기도 하다. 마흔이라는 인생 화면 조정 시간을 치열하고 값지게 보내야 하는 이유다.

인생은 육십부터라고 했던가? 그 말이 사실이라면 마흔부터 육십까지 앞으로의 20년은 지난 40년의 인생 경험과 노하우를 바탕으로 내 삶의 진짜 절정기를 위해 기본기를 탄탄하게 다지고 준비하는 시기이리라.

그렇다면 마흔 이후 새롭게 창조할 지속 가능하고 지속 성장하는 삶을 위해 반드시 챙겨야 할 삶의 기본기는 무엇일까? 또 어떻게 관리해야 할까?

○ 지속 가능한 삶의 주춧돌, 정기 운동

젊음도 체력도 화수분이 아니다

아이에겐 운동의 중요성을 수없이 강조하며 다양한 운동을 반강제로 시키면서도 정작 나는 운동이라면 손사래를 쳤다. 숨 쉬는 것만으로도 벅차다(이것 또한 사실, 호흡법조차 기본부터 제대로 배워야 한다)고 느낄 만큼 바쁜 일상을 핑계 댔지만, 그땐 젊음과 체력이 써도 써도 다시 차오르는 화수분인 줄로만 알았다.

마흔 무렵 체력의 마지막 한 톨까지 다 쓰고 난 뒤, 이젠 더 이상 버틸 재간이 없다는 걸 알게 된 뒤 깨달았다. 돈을 주고도 살 수 없는 건 행복만이 아니라는 걸. 아니, 행복은 다른 이들이 줄 수도 있지만 건강과 체력은 누구도 대신해줄 수 없는 오직 나의 몫이고 책임이라는 걸.

한 번 바닥을 보이면 밑 빠진 독처럼 시간과 노력과 정성을 들여도 단기간에 쉽사리 채워지지 않는 게 건강이고 체력이다. 건강을 잃고 체력이 바닥난 뒤 덩그러니 남은 빈 항아리 같은 나를 바라보며 뒤늦은 후회를 해봐야 소용없다.

세상 어떤 자산보다 값진 게 건강과 체력이다. 우리 세대의 노후 대비는 연금과 저축이 아니라 체력을 쌓고 건강을 챙기는 것부터 시작해야 한다.

삶의 무게는 몸무게와 비례하지 않는다

마흔이라는 나이의 무게를 가장 먼저 체감한 건 몸무게였다. 중년의 중후함과 여유가 몸무게에서 오는 건 아닐 텐데, 10여 년을 큰 변화가 없던 몸무게가 마흔 무렵의 어느 날 그야말로 혹 하고 늘었다.

손에 한 움큼 잡히는 뱃살, 근육이라곤 찾아볼 수 없는 흐물흐물한 팔뚝, 구부정한 어깨와 허리까지 하릴없이 나이 들고 싶진 않은데…. 어느 날 정신을 차려보니 중년이라는 단어가 전혀 어색하지 않은 얼굴과 몸이 되어 있었다.

우울할 새도 없이 곧이어 허리 통증이 밀려왔다. 늘어난 몸무게를 몸이 감당하질 못한 것이다. 다리 저림 증상이 나타나고 나서야 병원을 찾으니 허리 디스크 초기 진단이 나왔다. 장시간 앉아서 일을 해온 데다가 운동이라곤 전혀 하지 않았으니, 지금까지 버틴 게 기적이었는지도 모른다.

덜컥 겁이 나서 허겁지겁 시작한 호르몬 주사 치료는 득보다 실이 컸다. 식욕이 늘고 살은 더 찌는 듯했다. 몸도 마음도 불쾌한 감정에 휩싸여 종일 기분이 좋지 않았다. 함께 시작한 도수 치료 역시 일시적 개선은 있었지만 타인의 손길에 의존하는 재활 치료는 시간과 비용 면에서도 지속 가능하지 않았다.

무엇보다 불편하고 힘든 건 몸이 아니라 마음이었다. 이런 상황을 자초한 게으르고 의지박약인 나에 대한 미움과 화, 그럴 수밖에 없었던 환경에 대한 원망과 회한이 끊임없이 나를 괴롭혔다.

운동할 결심이 서다

제대로 관리하지 않고 오래된 배터리는 채워도 채워도 금세 방전된다. 하루 종일 언제 방전될지 모를 배터리 걱정을 하다 보면 긴장되고 초조해져 다른 것엔 전혀 신경 쓸 여력이 없게 된다. 내 상태는 그야말로 방치되어 방전된 배터리였다.

상황이 이렇다 보니 신경은 더욱 예민해지고, 매일 날카로운 칼끝을 마주한 기분으로 살게 된다. 일상생활을 멈출 정도는 아니지만 일, 관계, 삶의 모든 부분에서 효율과 효능감이 급격히 떨어지니 에너지 방전 상태로 근근이 일상을 사는 것 또한 지속 가능하지 않다.

이대로 가다간 오래지 않아 병원 수술대 위에 누울지도 모를 일이었다. 불현듯 오래전 전신마취를 하고 수술을 받았던 경험이 되살아나며 공포에 가까운 불안감이 엄습했다. 여전히 운동은 내키지 않았지만, 수술대 위에 눕느니 운동 매트 위에 눕는 게 낫지 않겠냐는 생각에 이르렀다. 답은 명확해졌다. '하루를 살더라도 건강하고 즐겁게 살아야 한다. 답이 운동이라면, 한번 해보자.'

내게 맞는 지속 가능한 운동

지금껏 운동하지 않았던 혹은 하지 못했던 가장 큰 이유이자 핑계는 부족한 시간이었다. 워킹맘의 하루는 새벽부터 늦은 밤까지 집과 회사 일정만으로도 차고 넘친다. 특히 아이가 어릴 땐 예상치 못한 돌발 상황의 연속이다 보니 정기적인 운동은 꿈도 꾸지 못했다. 그럼에도 찾으려 하면 방법은 분명히 있었을 텐데, 그땐 그만큼 절실하지 않았다는 뜻이리라.

지속 가능한 운동을 찾기 위해 운동 시간 확보가 급선무였다. 우선 아침 시간은 무리다. 출근 시간이 이른 데다 아침잠이 많은 내게 아침 운동은 힘들다.

점심시간도 쉽지 않다. 하루 중 유일하게 제대로 된 식사를 하며 나만의 시간을 갖기도 하고, 직장 내 관계 맺음과 정보 교류를 위한 네트워크 시간인 점심시간은 업무의 연장이기도 하다.

그렇다면 남은 건 저녁 시간. 때마침 아이가 태권도 학원에서 늦게 끝나기 시작하면서 몇 시간의 여유 시간이 생겼다. 에너지 레벨이 현저히 떨어지는 저녁 시간대에 운동을 꾸준히 할 수 있을지 걱정되긴 했지만 더는 선택지가 없으므로 저녁 운동을 선택했다.

시간이 확보되니 종목 선택은 한결 수월해졌는데 집에서의 거리, 운동 시간대 선택 가능 여부, 현재 몸 상태와 성향을 모두 고려해 필라테스 개인 수업을 선택했다.

지금껏 나를 위한 운동에 큰돈을 써본 적이 없는지라 비용이 턱없이 비싸게 느껴졌지만 치료비로 쓰는 것보다야 운동에 투자하는 게 백배 낫지 않겠나 생각하며 두 눈 질끈 감고 과감히 결제했다.

나를 돌보기 위해 돈을 쓰고 건강하고 행복한 미래를 위해 첫걸음을 떼었다고 생각하니, 뿌듯함과 행복함을 넘어 뭉클함까지 뒤섞인 감정이 올라왔다. 그동안 내게 가장 인색했던 사람이 다름 아닌 나였다는 걸 깨달았다.

　결과적으로 필라테스 개인 수업은 탁월한 선택이었다. 맞춤 수업이 가능하기에 운동을 막 시작하는 내게 알맞은 강도의 운동 프로그램으로 진행할 수 있다 보니 주 2회 수업에도 운동 효과가 높았다. 또 수업료가 비싼 만큼 수업에 빠지지 않기 위해 최선을 다할 수밖에 없다 보니 운동이 빠르게 일상 루틴으로 자리 잡기 시작했다.

　운동을 시작한 후 깨달은 건 그간 운동을 못한 게 아니라 안 하는 선택을 했다는 사실이다. 하겠다는 의지가 강했다면 상황도 환경도 결국 내 의지에 따라 변했을 것이다. 운동을 위해 정시 퇴근을 해도 회사 일에는 큰 차질이 없었다. 저녁에 몇 시간 집을 비워도 나의 부재로 생활이 흔들릴 만큼 문제가 생기지도 않았다.

　운동의 선순환이 가시화되기까진 그리 오랜 시간이 걸리지 않았다. 고작 주 2회 수업에도 통증은 빠르게 줄고 몸과 마음 모두 조금씩 가벼워지는 걸 느꼈다. 예민함이 줄어드니 마음도 한결 너그러워졌다. 내 컨디션이 눈에 띄게 좋아지자 가족들도 좋아하며 내 운동 시간을 지켜주는 든든한 지원군이 되어줬다.

　그럼에도 여전히 운동은 힘들고 귀찮고 미루고 싶은 게 사실이다. 예약한 운동 시간까지 가지 않을 핑계가 백팔 번뇌처럼 머리를 스친다. 하지만 운동을 멈추면 이내 예전 상태로 돌아간다는 걸 알기에 오늘도 꾸역꾸역 운동복을 챙겨 운동하러 나선다. 이러다 즐길 날도 오겠거니 하면서.

예전에 운동을 열심히 하는 선배들에게 이유를 물은 적이 있다. 그저 살기 위해 하는 거라는 무심한 듯 실없는 대답에 웃어넘겼는데, 이제 와서 보니 그들의 대답은 진심이었고 진실이었다. 왜 그때 미리미리 운동하며 체력 관리하라던 그들의 진심 어린 조언을 흘려들었을까?

이제 나도 그때의 그들처럼 살기 위해 운동을 하면서, 왜 사람은 힘든 경험을 해야만 깨닫는 건지 미련함이 안타까우면서도 경험으로 깨닫는 것만큼 강한 동기 유발과 추진력은 없다는 걸 다시금 실감한다. 지금 이 글을 읽으며 고개를 끄덕이고 공감했다면, 지금 바로 운동을 시작하시라.

생각은 무슨 생각을 해, 그냥 하는 거지

오래전 한 TV 프로그램에서 준비 운동을 하는 김연아 선수에게 운동할 때 무슨 생각을 하느냐고 질문한 적이 있다. 그때 그녀의 답이 온라인상에 크게 회자되며 지금까지도 김연아 어록으로 남아있는데, 그녀의 답은 이랬다. "생각은 무슨 생각을 해, 그냥 하는 거지."

맞다, 운동은 그냥 하는 거다. 빙판 위에서 기량을 맘껏 펼치고자 묻지도 따지지도 않고 그저 열심히 준비 운동을 하는 김연아 선수처럼. 이제 내게도 운동은 내 삶의 지속 가능성을 위해 숨 쉬듯 하는 일상의 한 부분으로 자리 잡아가는 중이다.

헉헉대고 땀 흘리며 집중해서 운동할 때 온전히 '지금-여기'에 머물며 평온함을 느낀다. 운동 뒤 밀려오는 나른함 속 성취감도 기분 좋다. 무엇보다 코어에 근육이 생기기 시작하면서 굽었던 어깨와 허리가 조금씩 펴지고 자세가 바로잡히니 표정도 한결 부드러워졌다는 걸 느낀다. 몸과 얼굴의 굳었던 근육이 풀어져서일까, 신기하게도 세상을 바라보는 시선과 마음도 한결 여유롭고 너그러워지는 듯하다.

'건강한 신체에 건강한 정신이 깃든다'라는 존 로크의 말처럼 건강한 신체는 건강한 정신에 영향을 주고 건강한 정신은 다시 건강한 신체에 영향을 준다. 나는 이제 정신 승리, 존버 같은 말은 믿지도 않고 하지도 않는다. 정신과 신체는 상호 보완적이고 어느 한쪽의 건강이 무너지면 다른 한쪽도 이내 무너지고 만다는 걸 잘 안다.

유연한 몸과 생각, 단단한 몸과 마음

운동의 장점을 나열하자면 한도 끝도 없지만 그중 가장 큰 장점을 꼽자면 삶의 긍정성이 높아진다는 것이다. 내 몸의 근육을 내 의지로 컨트롤할 수 있다는 사실만으로도 자기 효능감이 올라간다.

몸을 더 잘 쓰고 싶어지고 자기 관리를 좀 더 철저히 하고 그렇게 만들어가는 내가 좋아진다. 그런 내가 사는 오늘이 더욱 소중해지면서 나와 함께하는 사람들의 건강한 삶에도 관심이 높아진다. 높아진 자아 존중감이 만들어낸 삶에 대한 강한 애착은 어떤 시련과 고통이 닥쳐도 내 몸과 마음의 단단한 근육으로 소중한 삶을 스스로 지켜낼 수 있다는 강인함이 된다.

새로운 도전과 기회 앞에서 망설이지 않고 과감히 시도할 수 있는 진취적인 도전 정신이 생겨나며, 실패하더라도 경험과 지혜가 남으니 삶은 꽤 살 만하다고 긍정 회로를 돌린다. 몸이 유연해지며 생각도 유연해지고 몸이 단단해지며 마음도 단단해진다. 나아가 내 삶도 든든한 주춧돌 위에 선 듯 단단해진다.

땀 흘리는 것도 싫고 운동도 싫던 내가 땀 흘리며 운동한 뒤의 상쾌함을 즐기고 근육을 좀 더 키워 멋진 보디 프로필도 찍어보고 싶다고 생각하는 걸 보면, 운동은 분명 한 사람의 생각은 물론 삶의 풍경마저도 긍정적으로 바꾸는 힘이 있다.

○ **지속 가능한 삶의
에너지, 건강한 식생활**

당신이 먹는 게 당신이다

오랜 기간 몸무게를 일정하게 유지해 왔기에 주위에선 내가 원래 살이 잘 안 찌는 타입이라고 부러워들 했다. 나도 그게 자랑인 양 으스댔지만 사실 체중 관리에 무척 신경 썼다. 운동은 전혀 하지 않고 고열량의 빵과 디저트, 배달 음식을 즐겨 먹곤 했기에 조금만 방심해도 금방 살이 쪘다. 그래서 내 나름의 관리를 했는데 별다른 게 없었다. 최대한 적게 먹는 것이었다.

덕분에 체중은 유지했지만 내 몸은 그야말로 '당신이 먹는 게 바로 당신(You are what you eat)'이었다. 불규칙한 식사, 무리한 다이어트, 탄수화물 중독, 배달 음식, 화학 덩어리 영양제로 마른 비만과 영양 결핍, 스트레스성 위염과 높은 콜레스테롤 수치가 진짜 내 모습이자 현실이었다.

소화 흡수가 건강을 만든다

다행히 운동을 시작하며 건강한 식생활에도 관심을 가지기 시작했다. 머리가 아닌 몸이 건강한 식생활을 원하기 시작했고 마침내 식생활 개선이 시작되었다. 힘들게 운동한 만큼 내 몸을 좋은 것들로 채우고 싶다는 욕심이 생겼다. 근육을 키우고 유지하기 위해선 단백질 섭취를 늘리고 건강한 에너지를 넣어주는 식단이 필요했다.

음식의 칼로리 계산만 하던 내가 태어나 처음 나를 위한 식단 구성과 영양 밸런스를 공부하기 시작했다. 평생을 괴롭힌 위와 장의 트러블과 피부 질환이 건강하지 못한 식생활 때문임도 알게 되었다.

아무리 건강에 좋은 음식을 챙겨 먹어도 위와 장에서 제대로 소화하지 못하고 영양분을 흡수하지 못하면 소용없다. 따라서 장내 유해균은 없애고 유익균을 키우고자 정기적으로 장을 청소하고 위와 장에 좋은 식단을 구성해 에너지와 영양분이 내 몸에 온전히 흡수될 수 있도록 노력을 기울였다.

엥겔지수가 오르니 행복지수도 오른다

태어나 처음으로 음식을 먹으며 열량이 아닌 내 몸에 전해질 영양분에 대해 고민하기 시작했다. 지난 수십 년간의 탄수화물 중독에 가까운 식습관을 없애는 데 주력하며 배달 음식과 외식부터 줄였다. 냉동실에 가득했던 냉동식품 역시 줄여나갔다.

에어프라이어는 요리라곤 할 줄 모르는 바쁜 워킹맘에겐 생활의 혁신을 가져다준 편리하고 고마운 제품이지만, 냉동식품의 소비를 늘려 결과적으로 나와 가족의 건강을 해치게 만든 주범이기도 했다.

건강식에 관한 관심은 건강한 식재료에 관한 관심으로 이어졌다. 유기농 올리브 오일, 발사믹 식초, 그릭 요거트, 목초 유제품, 마누카 꿀 등 구입한 적 없는 식재료의 소비가 늘어나니 소득이 증가할수록 줄어든다는 엥겔지수가 오히려 상승하기 시작했다. 하지만 삶의 기본이 되는 의식주 중 그간 무시했던 식재료에 관심을 쏟으며 일상의 만족도 또한 함께 우상향했다.

건강한 한 끼, 나를 돌보는 일상 의식

식생활의 중요성을 깨달으면서부턴 '한 끼 때운다' '먹어 치운다'라는 식의 표현을 내 삶에서 지웠다. 나를 위해 건강한 한 끼를 준비하는 건 나를 정성스럽게 돌보는 의식과도 같다. 건강한 식재료로 정성껏 만든 음식을 먹으며 지금껏 경험하지 못한 위로와 치유의 시간을 경험했으니, 이게 음식 명상이 아니겠는가?

그렇게 먹은 음식의 영양분은 온몸 구석구석으로 전해지며 몸의 치유와 회복을 돕는다. 건강한 에너지가 생겨나고 삶의 긍정성 또한 높아진다. 다시 가족, 주변과의 건강한 관계 맺음으로 이어지면서 삶의 만족도가 높아진다. 건강한 한 끼가 만든 삶의 선순환은 범위를 확대하며 지속 가능한 삶의 에너지원이 된다.

○ 지속 가능한 삶의 질 향상, 좋은 잠

불면은 삶을 잠식한다

잠은 작은 죽음이라 했던가? 푹 자고 일어나면 다시 태어난 듯, 상쾌한 기분과 새로운 에너지로 어제의 힘겨웠던 문제가 한결 가볍게 느껴진다. 잠은 스트레스 해소와 에너지 충전의 가장 쉽고 빠른 처방이다.

늘 잠이 부족해 어디든 머리만 대면 쉽게 잠들곤 했는데, 어느 날부터인지 저녁이 다가오는 게 두려울 만큼 불면의 밤이 시작되었다. 밤새 뒤척거리다 보면 안 좋은 생각이 꼬리에 꼬리를 물고, 아침이 와도 몸은 천근만근, 예민함과 피곤함이 극에 달했다.

잠을 쉽게 이룬다는 게 얼마나 큰 행복인지, 아침까지 푹 잔다는 게 얼마나 감사한 일인지 새삼 깨달았다. 침구를 바꾸고, 암막 커튼을 설치하고, 숙면을 방해하는 전자기기는 침대 주변에서 모두 없앴으며, 수면 유도를 돕는 요가, 아로마 테라피, 수면 명상 앱, 수면 유도제까지 수면 환경 개선과 숙면을 위한 온갖 방법을 동원했다. 그런데 노력하면 할수록 잠은 더욱 달아났고, 불면의 날들 속에 삶은 더욱 피폐해졌다.

숙면이라는 달콤한 중독

불면증 극복의 열쇠는 뜻밖에도 운동이었다. 운동을 하고 온 날은 고단함이 몰려와 수면 환경을 조성할 새도 없이 스르르 잠들곤 했다. 일고여덟 시간 푹 자고 상쾌한 기분으로 일어나 건강한 아침 식사로 에너지를 채워주면 TV 광고 속 배우처럼 두 팔 가득 벌려 만세를 외치고 싶을 만큼 기분도 업되고 에너지 레벨도 높아졌다.

스트레스 해소제이자 에너지 충전제인 숙면을 되찾으니 상쾌하고 가벼워진 몸과 마음에는 오늘 하루 뭐든 해낼 수 있을 것만 같은 긍정성과 자신감이 차오른다. 콧노래가 절로 나오고 만나는 이마다 긍정 에너지를 담아 '굿모닝'을 외친다. 상대방의 표정도 함께 밝아짐을 느낀다.

'놓치지 않을 거예요'라던 어느 여배우의 광고 멘트처럼, 이제 운동과 취침 전 준비는 숙면을 위해 놓치지 않아야 할 일상 루틴이 되었다. 숙면을 위해서라도 매일 저녁 운동을 할 정도다. 운동에 중독된 게 아니라 숙면에 중독된 건지도 모를 일이다.

○　하루를 열고 인생을 깨우는, 일상 루틴

아침형 인간으로 거듭나다

운동을 시작하고, 식생활을 개선하고, 숙면하면서 지속 가능한 삶의 선순환이 일어났다. 삶의 중심이 바로 서고, 삶의 기반이 단단해짐을 느낄 수 있었다.

가장 확실하게 체감한 건 아침 풍경이 달라지면서부터다. 마흔 평생을 올빼미족으로 살아오며 늘 아침잠이 부족해 알람을 두 번 세 번 끄고 나서야 힘겹게 일어나곤 했는데, 이젠 알람 없이도 상쾌하고 가뿐하게 일어나기 시작한 것이다.

태어나 40년 만에 아침형 인간으로 거듭났다. 그야말로 기적이 일어난 것인데, 이래서 삶은 장담할 수도 장담해서도 안 된다고 하나 보다. 더 놀라운 건 새벽 다섯 시에 침대 밖으로 걸어 나와, 갑작스럽게 생긴 이른 아침 시간을 어떻게 활용해야 할지 즐거운 고민이 시작되었다는 것이다.

사람은 고쳐 쓰는 게 아니라고들 말하지만 절대 그렇지 않다고 단호하게 말할 수 있다. 타고난 성향과 습성, 삶의 태도와 관점까지도 어떤 계기와 변화에의 강렬한 의지가 만나는 순간 180도 변하는 게 사람이다. 변화가 두렵고 싫어서 혹은 삶이 주는 선물 같은 기회를 알아보지 못해서, 계기와 의지의 계속된 미스매치 속에서 체념하고 있었던 건지도 모른다.

하지만 이번만큼은 달랐다. 더 나은 삶에 대한 기대, 변화를 향한 간절한 바람과 열망이 마침내 기회의 문을 열 용기를 줬다. 그렇게 전혀 새로운 세계로 발을 들여놓았다.

새벽이라는 신세계

C. S. 루이스의 소설 『나니아 연대기』에서 주인공 네 남매는 전쟁을 피해 잠시 머물던 집의 오래된 옷장 속에서 우연히 '나니아'라는 신비로운 세계로 연결되는 통로를 발견한다. 그렇게 평범했던 네 남매의 환상적인 나니아 연대기가 시작된다.

우연처럼 시작된 새벽 기상은 '새벽'이라는 신세계로 연결되는 통로였다. 우연인 듯 필연인 듯 발견한 새벽 시간으로 나다움의 지속 가능한 성장을 찾는 여정이 시작되었다.

우주 평행이론처럼 지금껏 내 삶에 존재하지 않았던 새벽이란 시공간을 발견하며 누구에게도 방해받지 않고 삶의 의미와 목적을 찾아 나다움의 신세계를 구축하기 시작했다.

세상은 아는 만큼 보이고, 삶은 꿈꾸고 바라는 만큼 성장하며 확대된다. 이때부터 새벽 시간을 활용하는 방법에 대한 온갖 콘텐츠와 정보가 물밀듯이 나를 찾아오기 시작했다.

할 엘로드의 『미라클 모닝』과 김유진의 『나의 하루는 4시 30분에 시작된다』를 읽으며 새벽 시간을 활용해 하루를 두 배로 사는 법을 알게 되었다. 헤이조이스, 밀미, MKYU, 세바시대학 같은 자기계발 성장 플랫폼과 커뮤니티를 접하며 삶을 성장시키고자 노력하는 사람들을 만나 함께 공부했다.

선물같이 찾아온 새벽이라는 신세계는 일과 육아에 함몰되었던 내 좁은 시야와 관계망을 넓혀줬다. 그동안 나는 우물이 너무 깊어 도저히 내 힘으론 빠져나갈 수 없겠다고 자포자기한 우물 안 개구리였다. 우연히 우물 밖 세상을 봤고, 우물이 생각보다 깊지 않다는 걸 알게 되었다. 이제 본격적으로 내 힘으로 우물을 탈출하려는 노력을 시작한다.

행복한 새벽 시간 홀릭

새벽 시간의 매력은 누구에게도 방해받지 않고 오로지 내게 집중할 수 있는 시공간을 확보할 수 있다는 데 있다. 그 기적과도 같은 시간을 오로지 나를 위한 시간으로 채워가기로 했다.

일과 육아로 삶의 우선순위에서 밀렸던 내 성장과 발전을 위해 그 시간을 온전히 사용하리라 결심하고 보니, 나를 이곳으로 이끈 건 다름 아닌 그토록 원망했던 시련과 결핍의 시간이었다.

나를 잊을 만큼 일과 육아에 함몰되었던 워커홀릭, 육아홀릭의 시간이 있었기에 내 삶을 온전히 살고 싶다는 내 안의 강한 성장 욕구와 열망을 발견하고 마침내 나를 찾는 여정을 시작할 수 있었다.

잃어버린 10년이라 생각했던 지난 시간은 성장이 멈춰 선 게 아니라 때를 기다리며 준비했던 값진 배움의 시간이었다는 걸 뒤늦게 깨닫는다. 그만큼 새벽 시간은 더욱 소중하고 절실해졌다.

내 삶에서 나의 존재감이 점점 흐려지고 있다는 두려움과 막막한 미래에 대한 불안감에 늘 초조했던 내게 새벽은 나로 가득한 삶의 충만함을 알려줬다. 태어나 처음 진짜 내 것을 가진 듯 작은 흥분과 감동이 일었다.

이곳에선 나를 위해 흥청망청 사치를 부려도 아무도 뭐랄 사람이 없다. 죄책감은커녕 빠져들수록 행복감은 더욱 커지고, 한 번 중독되면 다신 이전의 삶으로 돌아갈 수 없는 행복한 새벽 중독이 시작되었다.

○ **라이프 어웨이크닝 모닝 리추얼** ○

나의 하루를 열고 인생을 깨우는 시간, '라이프 어웨이크닝 모닝 리추얼'이라
이름 붙인 나만의 새벽 루틴을 소개하면 대략 이렇다.

기상 시간부터 출근 준비 시간까지 짧을 땐 30~40분, 본격적으로 블로그 글
쓰기를 시작하면서는 매일 두 시간 가까이 리추얼(Ritual, 규칙적으로 행하는 의례
또는 의식)을 했다.

새벽 루틴과 리추얼의 목표는 내가 행복해지는 시간을 온전히 누리는 것이다.
짧은 시간이라도 리추얼을 하는 순간만큼은 온전히 몰입했고, 나를 짓누르던
일터와 가정에서의 역할과 책임에서 벗어나 '나'라는 사람 본연의 생각과 감정
에 충실할 수 있었다.

우주인 닐 암스트롱은 달 표면에 첫발을 내디디며 "한 인간에겐 작은 한 걸음
이지만 인류에겐 위대한 도약"이라고 말했다. 내겐 새벽 기상과 리추얼이 그
렇다. 진정한 나다움의 모습을 발견하고, 주체적이고 지속 성장하는 삶을 위
한 위대한 도약의 시간이 되었다.

다섯 시 전후 기상

밤 열 시에서 열한 시경에 잠들면 보통 새벽 다섯 시쯤 기상한다. 알람 없이
눈이 떠지는 시간에 일어나 새벽 루틴을 시작하는 게 원칙 아닌 원칙이다. 새
벽 루틴이 좋아도 숙면을 포기하진 않는 것이다. 이유는 간단하다. 푹 자고 상

쾌한 몸과 마음으로 새벽 시간의 행복을 온전히 누리기 위해서다.

행복함이 쌓여야 습관이 쉽게 들고 지속 가능하다. 새벽 기상이 습관이 될 때까지 기상 시간을 철저히 관리해야 한다는 의견에도 동의하지만, 나는 내게 맞는 방식으로 접근했다. 새벽 루틴과 리추얼에서도 역시 나만의 길을 가야 한다.

지속 가능한 습관을 만들기 위해 가장 중요한 건 첫째, 내가 즐겁고 행복해야 하며 둘째, 아무리 즐겁고 행복하더라도 절대 신체적으로 무리하지 않아야 한다. 내게 알맞은 수면 시간을 알고 그에 맞춰 일찍 잠자리에 들고자 노력했다. 부득이하게 늦게 자거나 며칠 무리해서 피곤할 때는 잠을 푹 자는 편을 택했다.

하루를 맞이하는 스트레칭과 스마일 호흡 명상

잠이 깨면 곧바로 일어나지 않고 누운 채 가볍게 스트레칭하며 밤새 굳은 몸을 풀어준다. 그런 뒤 숨을 깊게 들이쉬고 내쉬는 호흡 명상을 한다. 호흡하는 것만으로도 명상 효과가 있다고 한다. 숨을 깊게 들이쉬고 내시며 기분 좋은 하루를 맞이할 준비를 한다.

숨을 코로 들이쉴 때 입가에 미소를 크게 짓는다. 우리 뇌는 얼굴에 미소를 짓거나 웃으면 내가 지금 행복하다는 신호로 받아들인다고 한다. 기분 좋은 일을 상상할 때처럼 온 얼굴의 근육을 사용해 크게 미소를 짓는다.

스마일 호흡 명상 방법은 간단하다. 누운 채로 눈을 감고 '하나, 둘, 셋, 넷' 미소 지으며 숨을 들이마시고 4초간 숨을 멈춘다. 다시 하나, 둘, 셋, 넷, 다섯, 여섯 길게 숨을 내뱉는다.

호흡 명상을 5~10회 진행하면서 얼굴과 몸의 긴장이 풀리고 정신이 명료해짐을 느끼면 천천히 자리에서 일어난다.

향긋한 모닝커피로 몸과 마음 리부팅

가족들이 깨지 않도록 조용히 부엌으로 간다. 모닝커피를 내리며 향기로운 커피 향으로 온몸의 감각을 일깨우고 하루를 기분 좋게 시작하는 게 나의 모닝 리추얼이다.

천천히, 정성껏 커피를 내리며 커피 향이 주변을 가득 채우는 동안 전신 스트레칭을 한다. 밤새 굳은 몸과 마음이 부드럽게 풀리는 사이 커피가 모두 내려지면 거실로 나와 고요한 새벽의 푸른빛이 감도는 창밖을 바라보며 잠시 커피 멍 타임에 빠져든다.

머리를 스쳐 가는 생각들이 자연스럽게 흐르도록 잠시 고요한 시간을 보내며 독서와 글쓰기 전 몸과 마음을 리부팅하는 시간을 가진다.

나를 채우는 모닝 독서

짧을 때는 10분, 길게는 30~40분가량 책을 읽는다. 새벽 시간에는 이야기 흐름을 따라가야 하는 소설이나 내용에 깊이 몰입해야 하는 책보다는 자기계발서나 에세이 같이 짧게 나눠 읽을 수 있고 가볍지만 영감을 주는 책을 즐겨 읽는다. 두세 권의 책을 거실 탁자에 두고 그날그날 읽고 싶은 책을 고른다. 책을 읽으며 발견한 좋은 글귀, 생각과 감상을 책의 한 귀퉁이나 핸드폰 메모장에 적어둔다.

일력과 불렛저널로 본격적인 하루 계획

모닝 독서를 마치면 고전 속 명문장이 담긴 일력을 읽고 불렛저널을 정리하며 하루를 시작하는 마음을 다잡는다. 일력은 쏜살같이 지나가는 하루하루를 놓치고 싶지 않은 마음에 사용하기 시작했는데 어느새 마니아가 되었다.

처음 구매했던 일력에는 매 장마다 고전의 명문장이 적혀 있었다. 문장을 읽고 떠오르는 생각을 바로 적을 수 있는 여백이 있어 유용했다. 그렇게 매일 모은 낱장이 근사한 1년 치 기록으로 쌓인다.

일력의 고전 문장을 읽고 떠오르는 생각을 일력 위에 기록하는 일은, 가벼운 마음으로 시작했지만 시간이 지날수록 생각 거리가 많아지고 쓰고 싶은 글의 길이가 길어지며 블로그 글쓰기로 진화했다. 그리고 글쓰기가 내 삶을 행복하게 만들어주는 업으로 자리 잡는 데 결정적인 계기로 작용했다.

일력 기록을 마치면 블렛저널을 펼친다. 블렛저널은 불렛(Bullet), 즉 점이나 기호를 이용해 목록 정리 방식으로, 하루 일정을 간단히 정리하고 일상을 기록하는 플래너와 저널이 한데 섞인 일종의 맞춤 제작 다이어리다.

캐럴 라이더의 『불렛저널』을 읽고 이 방식을 사용하기 시작했는데 불렛저널로 복잡한 하루 일정이 한 손에 잡히고, 내 생각과 마음을 한 곳에 기록하면서 바쁜 일상에 끌려다니지 않고 미래를 계획할 수 있게 되었다.

블렛저널의 장점은 기록과 정리에 많은 시간을 소비하지 않으면서도 내게 맞는 형태를 스스로 만들어가는 데 있다. 잠자기 전 10분 정도 그날의 일정을 마무리하고 다음 날 일정을 대략 적어둔다. 아침에 일어나선 어제 기록한 내용을 바탕으로 그날의 할 일과 일정을 빠르게 정리한다. 하루를 시작하는 마음을 다잡을 수 있어 매우 유용하다.

6장

지속 성장하는 삶의 미래를 그리다

○ 지속 가능한 삶에서 지속 성장하는 삶으로

운동을 시작하며 불균형했던 식생활과 불면증이 개선되고, 새벽 루틴을 매일 반복하는 사이 지속 가능한 삶의 기반이 단단히 다져지고 있었다. 일상 속 작은 변화의 시도는 시간의 힘이 더해지며 루틴이 되었고 루틴이 쌓여 삶의 태도가 되었다.

삶의 태도는 삶의 방향성을 지금까지와는 전혀 다른 방향으로 바꾸기도 하니, 일상 속 작은 변화가 가져오는 위력은 그만큼 강력하고 거대하다고 할 수 있다.

'라이프 어웨이크닝 모닝 리추얼'이라 이름 붙인 새벽 루틴은 잠들어 있던 인생의 의미와 목적을 일깨우고 지속 성장하는 삶으로의 여정을 가속했다. 지속 가능한 삶의 단단한 기틀 위에 지속 성장하는 삶이 모습과 형태를 갖추기 시작한 것이다.

삶에서 의미가 퇴색하고 있다고 생각했던 마흔에 이르러 열망을 발견하고, 꿈을 꾸며, 어느 때보다 열정적으로 성장하고 발전하는 삶을 살게 되리라곤 상상조차 하지 못했다.

꿈과 목표를 향해 좌충우돌하며 나아가는 모든 순간은 성장 모먼트가 되어 삶의 거대한 궤적이 그려지고 있었다. 행복은 바로 그 과정 속, 모든 순간에 있었다.

○ 지속 성장하는 삶의 시작, 취향의 발견

지속 성장하는 삶의 여정이 본격적으로 시작되며 가장 먼저 마주한 도전은 나다움의 정의였다. 오랜 시간 타인의 시선을 의식하고 타인의 기준에 나를 맞추며 살아왔다.

그렇게 제법 괜찮은 사회인은 되었지만 이제 나조차도 내가 누구인지, 무엇을 좋아하고, 어떤 삶을 원하는지 알지 못했다. 빈껍데기만 남은 듯 공허했다.

남들처럼, 아니 남들만큼 사는 게 목표였지만 그마저도 숨 가쁘고 벅찼다. 그 목표를 위해 참고 견디는 게 어른이 되어가는 과정이라 생각했는데, 어른다움을 갖춘 삶에는 '나다움'은 온데간데없고 '남들스러움'뿐이었다.

남의 옷을 입고 남의 신발을 신은 듯 어색하고 불편했다. 내 취향에서 비롯된 나만의 라이프 스타일이라 생각했던 것들이 기실 누군가의 것을 흉내 내거나 따라 한 것들이었다.

나다움과 남다름을 주장했지만, 제법 잘 만들어진 짝퉁 인생에 지나지 않았다. 명쾌하게 나다움의 정의를 내리고 나의 취향, 가치관, 정체성이 묻어나는 삶의 모습을 그릴 수 있어야만 지속 성장하는 삶도 가능하단 걸 비로소 깨달았다.

취향이 사람을 만든다

'매너가 사람을 만든다(Manners maketh man)'라고 하지만 나는 취향이 사람을 만든다고 생각한다. 취향은 가치관, 관심사, 사회적 관계망, 선택과 행동의 배경, 자아 정체성까지 모두 아우르는 그 사람만의 고유한 특질이자 그의 삶이고 역사이기 때문이다.

영화평론가 이동진은 책 『닥치는 대로 끌리는 대로 오직 재미있게 이동진 독서법』에서 '취향이 곧 교양'이라고 말한다. 그의 말처럼 취향은 교양, 즉 학문, 지식, 사회생활을 바탕으로 이뤄진 그만의 품위를 보여준다. 또한 취향은 100% 타고난 게 아니라 노력과 경험으로 더욱 정교해지고 고유의 색과 향이 입혀져 격과 완성도를 높여가는 인생이라는 무대 위의 종합예술 같은 것이다.

그렇다면 어떻게 취향을 발견하고 키워갈 수 있을까? 그 답을 찾는 과정이 나다움의 정의를 찾고 나답게 살아가는 여정의 진정한 시작이 되리라.

정성스럽게 나를 대접한다

'너는 왜 너만 생각하니?' 오래전 한 선배로부터 내 행동이 이기적이라며 질책을 들은 적이 있다. 지금 와서 생각해보면 그 선배야말로 지극히 자기 자신만 생각하는 무례하고 이기적인 사람이었다. 자신의 지위와 권력을 이용해 상대를 억압하고 조종하려다 잘 되지 않자, 상대를 지속적으로 비난하고 지적하며 가스라이팅한 것이다.

내 개성을 숨기고 의견을 드러내지 않으며 나를 죽이기 시작한 건 아마도 그때부터였던 듯하다. 모난 돌이 정 맞는다는 말은 이제 내 신앙이 되었다. 늘 타인의 시선을 의식하며 의견을 강하게 주장하지 않고 웬만하면 양보하며 눈에 띄는 행동은 되도록 자제했다. 그렇게 의견도 호불호도 취향도 없는 회색 인간이 되어갔다.

나를 찾는 여정을 시작하며 가장 먼저 한 일은 하루의 첫 시작에 나를 위해 정성스러운 커피 한잔을 대접하는 일이었다. 그게 뭐 그리 대단한 일이냐고 반문할지 모르지만 '너는 왜 너만 생각하니?'라 는 그 한마디 말이 비수처럼 박혀 오래도록 스스로를 옭아매고 취향 마저도 잃어버린 지난날의 나에 대한 보상이고 위로였다.

'너만 생각해도 괜찮아. 네가 가장 먼저니까. 원하는 게 있다면 누 구의 눈치를 볼 필요 없이 당연하고 또 당당하게 누려. 그래도 괜찮 아. 네겐 그럴 자격이 있어.' 그때의 내게 말해주고 싶다.

나를 위한 정성스러운 커피 한잔을 대접하는 일은 나의 취향을 찾 는 진정한 시작이자 나를 찾는 여정의 본격적인 출발점이 되었다. 하루를 시작하는 첫 커피이자 오늘 하루 내게 허락된 마지막 커피인 만큼 나를 기분 좋게 해줄 최상의 커피 한잔을 대접하려 최선을 다 한다. 나의 커피 취향을 정확히 알고자 어떤 향을 좋아하는지, 어떤 원두를 좋아하는지, 라테의 거품은 어떤 스타일이 좋은지 다정하고 세심하게 나를 관찰하고 살피기 시작했다.

취향이 깊어지면 삶도 깊어진다

커피에 대한 나의 취향을 알아가는 과정에서 처음으로 나와 진솔한 대화를 시작했다. 그동안 나를 존중하지 않았던 건 그때 그 선배도 타인도 아닌 바로 나였다는 걸 깨달았다.

내 안의 목소리에 귀 기울이고 내가 먼저 나를 존중하고 배려하며 취향은 더욱 세밀해졌다. 내 삶의 색과 향도 더욱 다채롭고 선명해지는 걸 느꼈다.

이것도 괜찮고 저것도 괜찮은, 의견도 호불호도 취향도 없던 내가 나만의 확고한 취향과 기호를 가진 사람으로 변해가는 과정은 아이가 첫걸음을 뗄 때처럼 놀랍고도 가슴 뛰는 경험이었다.

취향은 새로운 세상으로 들어가는 티켓과도 같다. 취향이 정교해지며 안목이 생기고 그동안 무심코 지나쳤던 것들을 새롭게 발견하며 사고의 틀도 확장되는 걸 느낀다. 커피에서 시작한 취향 탐색 여정은 책, 음악, 미술, 전시회로 영역을 확장해 갔고 나다움의 라이프 스타일이 조금씩 갖춰졌다.

한편 소비는 더욱 현명해졌다. 단순히 스트레스 해소나 자기 과시용이 아닌 내 취향과 라이프 스타일에 맞는 소비는 삶의 질과 격을 높이고 반복되는 일상에서도 소소한 만족감을 준다.

커피 한잔에서 시작된 취향의 발견과 탐색은 나다움의 정의를 찾는 시발점이 되었고, 지속 성장하는 삶에 또 다른 나비효과를 일으키기 시작했다.

취미가 뭐예요? 특기는 있어요?

면접이나 모임의 단골 질문인 취미와 특기는 딱히 취미랄 것도 내세울 만한 특기도 없던 내게 가장 피하고 싶은 질문 중 하나였다. 거짓말을 하긴 싫고 그렇다고 솔직하게 '취미도 특기도 없습니다'라고 말하기에는 자존심이 상했다.

그런데 마음을 불편하게 하는 진짜 이유는 따로 있었다. 그럴듯한 가면 뒤에 숨은 초라한 나를 들킬지도 모른다는 두려움이었다. 취미와 특기는 취향에서 비롯되어 오랜 시간 노력으로 쌓아 올린 그 사람만의 무형 자산이다.

스스로에 대한 깊은 이해와 신뢰, 삶에 대한 애정과 열정이 있어야 한다. 또 삶의 여러 우선순위 사이에서 내가 원하는 걸 지키고자 하는 의지와 끈기, 강단도 있어야 한다. 그런 사람이라면 높은 자아존중감을 가졌으리라 미뤄 짐작할 수도 있다.

취미와 특기라는 단순한 질문을 통해서도 한 사람의 삶의 태도와 가치관은 물론 성장 여정과 미래 성장 가능성까지 엿볼 수 있으니, 기실 대단히 중요한 질문임에 틀림없다.

아이가 성장하며 여유 시간이 생기자 곧바로 오랜 숙제와도 같은 취미 개발에 착수했다. 딱히 하고 싶은 게 없다고 생각했었는데 곰곰이 생각해보니 시간 여유가 생기면 꼭 다시 배워보고 싶은 게 있었다.

피아노와 그림. 어릴 적 배우다 이런저런 이유로 그만둔 터라 내

내 미련이 남아있었다.

피아노 교습을 시작했다. 그런데 오랜 시간 아쉬움과 미련을 가졌던 것과는 달리 막상 시작하고 보니 별 재미를 느끼지 못했다. 마음은 쇼팽인데 현실은 바이엘이니 이상과 현실의 괴리가 너무 컸다.

다음 시도는 그림 그리기. 그림 역시 중학교 무렵까지 꽤 진지하게 배우다 그만둔 터라 미련이 길게 남아있었다. 다행히 그림은 재미도 있고 제법 할 만했다.

한동안 유화에 깊이 몰입하며 성취의 즐거움도 느꼈다. 그런데 작품 몇 점을 열정적으로 완성하고 나니, 점차 재미가 사라지고 창작 욕구도 줄었다.

비록 취미 개발은 실패했지만, 오랜 숙제와도 같았던 피아노와 그림을 미련도 아쉬움도 없이 그만둘 수 있어 후련했다. 시도를 했기에 미련 없이 끝낼 수 있다는 사실을 깨달은 건 큰 소득이다.

또 다른 소득도 있었다. 내가 직접 피아노를 치고 그림을 그리는 것보다 다른 이의 작품을 감상하며 나름의 해석을 할 때 더 큰 즐거움을 느낀다는 걸 알았다. 덕분에 음악회나 전시회에 가는 취미 활동을 새롭게 시작할 수 있었다.

배우는 과정 자체만으로도 재미를 느끼고 오랜 시간 즐겨도 지루하지 않은 취미 활동은 없을까? 본격적으로 탐색하기 시작했다. 사실 내겐 성향과 취향에 딱 들어맞고 평생 해도 질리지 않을 취미 활동이 하나 있었다. 바로 독서다.

또 남들보다 조금 더 잘하는 특기 비슷한 것도 있었는데, 뭔가를 깊이 생각하는 것과 좋아하는 일에 깊이 몰입하는 것이다.

취향에 딱 맞는 취미가 이미 있었음에도 그동안 알아채지 못한 이유는 뭘까? 독서도, 사유도, 몰입도 남들 보기에 그럴듯해 보이지 않는다고 생각하며 계속 다른 걸 찾아 헤매지 않았나 싶다.

취미와 특기의 쓸모에 대하여

'역사의 쓸모' '공부의 쓸모' '기록의 쓸모'…. 쓸모에 관한 수많은 책 제목이 말해주듯, 무엇이든 '쓸모'가 중요한 시대다. 쓸모를 생각하고 가성비, 가심비를 따지는 건 유한한 시간과 자원을 효과적이고 효율적으로 사용하고자 하는 노력의 증거일 테다.

취미와 특기도 예외일 순 없겠으나 모든 걸 쓸모로만 판단할 수는 없는 노릇이다. 나 역시 처음에는 취미를 쓸모로 접근했지만, 쓸모만 따지면 재미가 없고 재미가 없으면 지속 가능하지 않다. 오히려 쓸모를 생각하지 않고 시작한 독특하고 이색적인 취미와 특기가 인생에서 큰 쓸모가 되는 걸 심심치 않게 본다.

남들 시선과 평가에 얽매이지 않고 자신만의 독특한 취미와 특기를 가진 사람들이 인플루언서가 되는 시대다. '고작 그런 걸로' 싶은 취미와 특기를 업으로 삼아 멋진 삶을 살기도 한다. 고작 그런 것들이 각광받고 쓸모가 되는 추세는 계속될 것이다.

자신의 관심사와 취향이 무엇인지 정확히 아는 사람, 자신의 취향에 걸맞은 취미와 특기 개발에 오랜 시간 투자하고 즐기면서 세상 유일무이한 나만의 개성으로 나아가 업으로 삼은 사람을 이겨내기란 여간해선 힘들 것이다.

취향과 취미, 특기의 쓸모는 그뿐만이 아니다. 인생의 부침이 오는 순간 '나는 누구인가?' '어떻게 살아야 할까?'라는 인생 질문과 맞닥뜨렸을 때 취미와 특기는 빛을 발한다.

일 외에 자신만의 취미를 만들고 특기를 키워온 사람은 높은 자기 이해와 자아 존중감, 그리고 세상과 삶에 대한 안목을 원동력 삼아 시련과 역경을 슬기롭게 헤쳐나갈 수 있으리라 생각한다. 삶에 이보다 더 큰 쓸모가 있을까?

나를 닮은 꿈의 발견

살면서 피하고 싶은 질문이 하나 더 있다. 바로 꿈을 묻는 것이다. 어른이 되어선 꿈이라 하지 않고 장기 목표라든지 비전이라 바꿔 묻지만 결국 같은 질문이다.

질문하는 이들은 별 의미도 기대도 없이 'How are you?' 정도의 인사였을지도 모른다. 그럼에도 난 이런 질문을 받을 때면 답이 없다는 사실이, 적당한 답을 찾지 못하고 심각해지는 나 자신이 한심하고 초라해 이내 심란해지곤 했다.

'I have a dream'으로 시작하는 마틴 루서 킹 목사의 연설이 여전히 감동을 주는 이유, '저는 꿈이 있어요'라고 당당히 말하는 사람이

유독 멋지게 보이는 이유는 누구나 자신 안의 내밀한 곳에 '꿈'에 대한 동경과 욕망이 있기 때문이 아닐까?

취향, 취미, 특기가 그렇듯 꿈이라는 것도 어느 날 툭 하고 떨어지는 별똥별 같은 게 아니다.

꿈은 나를 찾는 여정에서 내게 깊이 몰입하는 순간들이 쌓이고 내 안에 깊이 간직하던 소망과 바람을 정성껏 가꾸고 키우는 노력 끝에 마침내 형태가 빚어져 영롱한 빛을 발하는 진주조개 같은 게 아닐지 생각한다.

그리고 우리는 그 작고 소중한 진주알들을 잘 꿰어 세상에 하나뿐인 진주 목걸이를 만들어야 한다. 그게 바로 꿈을 현실로 만들어가는 여정이자 삶의 이유이고 목적이 아닐지 생각한다.

누군가의 꿈을 묻는 것도, 내 입으로 꿈을 말하는 것도 민망한 나이라 생각했던 마흔에 취향을 알아가고, 취미와 특기를 만들어가고, 나만의 라이프 스타일을 구축하며 모인 진주알들이 마침내 '나다운 삶'이라는 꿈의 진주 목걸이가 되어가고 있었다.

내게 집중하는 시간으로 비로소 내 안의 오랜 열망을 발견하고 꿈꾸는 삶을 시작했으니, 취향의 발견은 곧 나를 닮은 꿈을 발견하는 과정이기도 하다.

○   ## 지속 성장하는 삶의
     ## 추진제, 강렬한 몰입

몰입, 그 강렬함에 대하여

몰입의 경험을 한마디로 표현한다면 '첫사랑'이라 말하겠다. 밥 먹을 때도, 길을 걸을 때도, 아침에 눈 뜬 순간부터 꿈속에서까지 온통 첫사랑에 관한 생각뿐인 상태, 그게 바로 몰입이다.

언뜻 중독과 비슷해 보이지만 몰입은 중독되지 않는다. 중독은 병적으로 뭔가에 집착하고 그것 없인 정상적인 삶이 불가능한 상태이지만 몰입은 정확히 그 반대다.

몰입은 의도를 가지고 실행할 수 있으며 반복할 수 있다. 또 금단현상 없이 일상을 영위할 수 있다. 무엇보다 삶의 더 큰 에너지가 되어 성장 속도를 비약적으로 올려주는 강력한 추진제가 된다.

돌이켜보면 나를 찾는 여정은 나와 첫사랑을 하듯 내게 깊게 몰입하는 시간이었다. 세상 가장 가깝고도 멀었던 나에 대해 하나씩 알아가고 새롭게 배우는 과정은 첫사랑에 대해 하나씩 알아갈 때의 설렘과도 같다.

자세히 봐야 예쁘고 오래 봐야 사랑스럽다는 나태주 시인의 시구(詩句)처럼 내게 몰입할수록 내가 점점 더 예뻐 보이고 내 삶이 더욱 사랑스러워진다. 내게 몰입하는 순간, 삶의 전혀 다른 차원을 발견하는 것이다.

의식하지 못했을 뿐 우리는 살아가면서 수많은 몰입의 경험을 한다. 사랑, 사람, 일, 취미, 육아까지 뭔가에 깊이 빠져든 경험은 누구나 한 번쯤 있으리라. 다만 그것이 몰입인 줄 모르고, 알았다고 해도 원리와 방법을 몰랐기에 효과를 지속하지 못한 것이다. 오히려 일상을 살아가는 데는 몰입의 순기능보다 역기능이 크다고 생각해 의도적으로 몰입 상황을 회피하기도 한다. 나 역시 그랬다. 한 번 몰입하면 일상을 유지하기 힘들 정도로 깊이 빠져들곤 해서 뭔가에 몰입하려는 나를 발견할 때면 애써 떨치곤 했다. 덕분에 일상은 유지되었지만 몰입의 강렬함은 점차 잊히고 삶은 무미건조해졌다.

몰입의 시작, 덕질

무미건조한 삶에 몰입의 강렬함이 다시 찾아온 건 우연히 시작된 크로스오버 뮤직 덕질이었다. 코로나19의 기세가 점점 더 강해지며 일상이 멈춰 서고 각자의 공간에서 세상과 점차 단절되어 가던 그때, 불안하고 위태로운 현실에서 나를 구원하고자 몰입할 대상이 필요했다. 그때 음악이 내게 숨 쉴 구멍이 되어줬다.

사회적 거리두기가 강력하게 시행되던 때도 불행 중 다행으로 클래식 공연은 가능했기에 코로나19의 위험을 무릅쓰고 좋아하는 그룹의 공연을 찾아 전국 각지로 다닐 만큼 덕질에 깊게 몰입했다.

태어나 처음 팬덤 활동이라는 것도 시작했다. 조직적이고 전략적인 팬덤 활동은 기업의 홍보 마케팅을 담당하는 나로서도 놀라움의 연속이었다. 회사에서도 대학원에서도 배우지 못한 브랜딩과 마케팅의 A to Z를 팬덤 활동으로 제대로 배우고 실습했다. 게다가 대가를 바라지 않고 오로지 팬심만으로 이 모든 수고를 마다하지 않는 팬들의 에너지는 실로 놀라웠다.

나 역시 밤새도록 음악을 스트리밍해도 힘든 줄 몰랐다. 피곤함을 느끼지도 않았다. 오히려 더 큰 에너지가 솟아나 일상의 효율을 올려줬다. 덕질 시간을 확보하고자 더욱 집중해서 일을 했고, 불필요한 일은 걷어냈으며, 효율과 효과를 철저히 계산하고 실행했다.

머릿속이 다시 열정으로 가득 차오르고 매 순간 새벽 첫 공기를 들이마시는 듯 상쾌한 생명의 에너지가 느껴지는 날들이었다. 몰입의 힘과 즐거움, 순기능을 제대로 경험하니 그 강렬함에 한껏 매료되고 말았다.

세계적으로 유명한 아이돌의 이름도 모르고 살던 내가 이름도 생소한 크로스오버 뮤직 덕질에 빠져들었을 때 주변에서 모두 의아해했다. 중년의 위기가 온 거라 생각했는지도 모르겠다. 그들에게 김춘수 시인의 시로 답하곤 한다.

내가 그의 이름을 불러주었을 때

그는 나에게로 와서

꽃이 되었다

- 김춘수 시인의 「꽃」 중에서

'덕질'은 어린 왕자의 장미처럼, 오직 내게만 의미 있는 단 한 송이의 꽃을 사랑하는 일과 같다. 백만 송이 장미가 있다고 해도 오직 내게 의미 있는 그 단 한 송이가 내겐 세상 무엇보다 사랑스럽고 소중하다. 그 한 송이의 꽃을 지극히 아껴주고 존재 자체를 귀하게 여기는 것, 마침내 아름답게 피어나는 절정의 순간을 함께 맞이하는 것이 '덕질'의 목적이고 이유이고 행복이고 의미다.

나는 나를 덕질하기로 했다

안도현 시인의 시 「너에게 묻는다」의 시구 '너는 누구에게 한 번이라도 뜨거운 사람이었느냐'처럼 누군가를 위해 뜨거운 연탄이 되어주는 것, 내 몸을 하얗게 태우고 한 줌 재로 남는다 해도 아깝지 않은 그것, 덕질이라는 강렬하고 매혹적인 몰입의 경험으로 나는 마침내 내게 물을 수 있었다. '나는 내게 한 번이라도 뜨거운 사람이었는가?' 하고 말이다.

1년여에 걸친 강렬한 덕질 경험 끝에 마침내 난 나를 덕질하기로 했다. 나의 스타를 향했던 내 안의 뜨거운 사랑과 열정, 헌신을 내게 향하기로 했다. 일면식도 없던 남에게 할 수 있는 걸 내게 못할 이유는 없지 않은가?

이유리의 단편소설 「둥둥」에는 덕질의 정수를 보여주는 주인공이 나온다. 지구인의 생존 본능 레벨을 연구하던 외계 생명체들은 자신이 덕질하는 스타를 위해 죽음도 마다하지 않는 그녀를 보며 '이타심이 생존 본능을 이기는 순간'이라며 놀라움을 금치 못한다.

좋아하는 대상에 깊이 몰입하고, 무한 신뢰로 그의 성장을 지지하며, 그의 성공을 진심으로 바라는 이타심 가득한 마음을 이젠 내가 나의 1호 팬이 되어 내게 주겠다. 「둥둥」의 주인공처럼 덕질의 최고 정수를 내게 제대로 한 번 보여주리라 마음먹는다.

몰입하는 삶

'덕질'의 모든 순간은 이루 형용할 수 없는 충만함과 행복감을 안겨준다. 몰입의 그것과도 같다. 덕질하는 대상의 성장 여정에 함께할 수 있다면, 어떤 것도 해줄 수 있을 것만 같은 삶의 에너지를 느낀다.

최선을 다했던 삶이 공허해지는 순간, 모든 게 부질없다 느껴지는 순간 내 삶에 찾아온 덕질의 경험은 내 안의 강렬한 생명 에너지를 일깨우고 나를 향한 셀프 덕질로 강력한 성장 모멘텀을 만드는 계기가 되었다.

나를 덕질하는 시간인 새벽 루틴은 몰입의 강렬하고 강력한 힘이 더해지며 양적, 질적 변화가 일어났다. 배움의 이유와 목적이 생긴 것이다. 몰입은 한정된 새벽 시간을 효과적으로 누릴 수 있게 해줬고, 그렇게 생겨난 에너지는 기존에는 생각하지 못했던 창의적인 아이디어를 만들고 성장에 가속도를 붙여주는 역할을 했다. 몰입의 효과를 직접 체험했기에 삶에서 지속, 반복할 방법이 궁금했다.

『몰입』『슬로싱킹』의 저자 황농문 교수는 50시간의 집중 몰입으로 누구나 영재의 뇌가 될 수 있다고 주장한다. 또 선잠을 자는 듯한 슬로싱킹으로 일상에서 몰입의 효과를 지속할 방법을 제시한다.

그의 책과 강의를 들으며 몰입의 원리를 뇌과학적 측면에서 이해하고 실생활에서 연습하며 나만의 일상 속 지속 가능한 몰입법을 찾아갔다.

일상에선 슬로싱킹 방식으로 약한 몰입을 하고, 글쓰기와 새로운 분야를 공부할 때는 주말을 이용한 50시간 집중 몰입 방식으로 무리하지 않고도 최대의 효과를 얻고 있다. 하고 싶은 건 많지만 생활의 균형과 체력의 안배가 필요한 내게 몰입은 지속 성장의 가속 장치 역할을 톡톡히 해내고 있다.

○   지속 성장하는 삶의 자극제, 연쇄 독서

성장 덕후의 독서법

독서는 나의 오랜 취미이자 목적이고 최애 덕질이다. 독서라는 행위 자체를 좋아하고 즐기니 취미이고, 인생의 길을 찾기 위한 배움의 방편이니 목적이기도 하다. 인생의 시기마다 독서의 목적과 방식이 변했지만 변하지 않은 사실 하나는 독서라는 행위 자체를 사랑한다는 것이다.

책 속에서 울림을 주는 단어나 문장을 발견할 때의 가슴 벅참, 단어와 문장이 열어주는 사유의 세계로 빠져들 때의 황홀감, 내가 성장하고 있다는 자각이 주는 쾌감은 어떤 것으로도 대체할 수 없는 독서만의 매력이고 독서 덕질을 쉬이 그만둘 수 없는 이유다.

덕질과 몰입의 힘을 경험하며 독서 덕질 역시 스케일과 양상이 확연히 달라졌다. 덕질 활동에 소비는 효용을 따지지 않는 법! 더 이상 책 구매에 인색하지 않았고, 실익과 실효도 따지지 않게 되었다.

성장 덕후인 내게 독서는 지속 성장의 자극제이자 영감의 원천이다. 한 권 두 권 쌓여가는 책들은 내 성장의 증거다. 비록 그중 상당수는 아직 첫 장을 펼쳐보지도 않았지만 부끄럽다거나 죄책감을 느끼지 않는다. 읽든, 안 읽든, 못 읽든 그 책과 나의 때가 맞는 날이 올 것이다. 그때 나의 성장 동반자가 되어줄 걸 안다.

팬덤 활동을 하듯 독서 덕질도 스펙트럼을 넓혀갔다. 최인아책방, 책발전소 같은 개성 있는 서점에서 운영하는 북클럽에 가입해 추천 도서를 읽고 북토크에도 참여했다. 기존 관심사나 기호로는 선택하지 않을 법한 책을 읽고 저자 강연을 들으며 내 독서 편식이 심했다는 걸 알았다. 덕분에 시선과 생각의 폭이 확장되며 내 성장 여정이 또다시 상상하지 못한 곳으로 연결되고 있음을 느낀다.

애초에 효용을 따지지 않았으나 결과적으로 독서 덕질의 효용은 대단했다. 가장 큰 효용은 몰입 독서와 연쇄 독서가 가능해진 것이

마흔의 시간

다. 관심사를 깊게 파고들다 보면 애쓰지 않아도 짧은 시간에 깊이 몰입하게 된다. 한 장을 읽더라도 그동안 영혼 없이 읽은 수백 권의 책보다 얻는 게 많다고 느낄 때가 있다. 또 책 속에서 저자가 언급한 책을 찾아 읽다 보면 자연스럽게 연쇄 독서가 일어난다.

몰입 독서와 연쇄 독서는 나만의 인사이트를 구축하는 든든한 기반이 되었다. 그리고 나만의 인사이트는 자연스럽게 글쓰기의 소재로 연결되기 시작했다.

독서, 내 삶의 성장 멘토

오랜 시간 멘토와 롤모델을 찾기 위해 부단히 애썼는데, 생각해보면 책이 삶의 전환기마다 성장 멘토이자 롤모델이 되어줬다. 『책은 도끼다』의 제목처럼 책은 현재에 안주하려는 내 안일함을 강렬한 불꽃을 일으키며 쪼개놓곤 했다. 어디로 어떻게 나아가야 할지 모를 때 방향과 방법을 제시해주기도 했다.

학창 시절 난 성장소설 덕후였다. 지금까지도 내 삶을 지배하는 삶의 철학과 신념은 그때 읽은 성장소설들에서 왔다. 실패하고 고뇌하며 방황하지만 결국 자신의 길을 찾아가는 성장소설 주인공의 여정은 내겐 위로이자 용기였고 내 성장 여정의 바이블이 되었다.

그중 내게 가장 큰 영향을 준 건 요한 볼프강 폰 괴테와 헤르만 헤세의 소설들이다. 헤세의 『데미안』은 인생의 전환기마다 찾아 읽곤 하는데 매번 새롭게 읽히며 현재 상황을 돌파해 나갈 영감과 자극을 얼곤 한다. 괴테의 『빌헬름 마이스터의 수업 시대』와 『빌헬름 마이스터의 방랑 시대』 역시 인생의 방향을 제시해준 잊지 못할 소설들이다. 문학 외에 다른 길을 생각해보지 못했던 내게 대학 졸업 후 세상에 나가 삶을 배워볼 결심을 하게 했기 때문이다. 아마도 그때 난 내가 다시 문학의 세계로 돌아오리란 걸 예상했던 듯싶다.

대학 졸업 후 20여 년의 시간이 지나 소설 속 주인공의 나이를 훌쩍 뛰어넘는 나이가 되고 보니 문득, 수업 시대와 방랑 시대를 마친 빌헬름 마이스터의 인생 후반전은 어떤 모습이었을지 궁금하다.

이상과 현실의 조화를 이루며 잘 살아가고 있을까? 흔들리고 방황하면서도 다시금 일어나 성장의 여정을 걷고 있을까? 책에선 알려주지 않은 인생의 성장 여정을 계속 이어가며 난 지금 내 인생의 성장 시대를 직접 글로 쓰고 있다. 이보다 행복한 독서 덕질의 삶이 있을까?

나를 찾는 여정의 첫 번째 도착지

직장인이 되고 한 아이의 부모가 되며 한동안 나의 독서는 실용서 위주의 목적 독서였다. 언어와 문학 외에 생활을 위한 별다른 기술도 지식도 부족했던 내게 책은 삶의 길잡이이자 생존을 위한 방편이었다.

경영 지식이 모자랄 땐 경영서를 읽고, 새로운 분야의 업무를 맡을 땐 그 분야의 책을 여러 권 몰입해 읽었다. 그렇게 전문가들의 지식과 경험을 빠르게 흡수해 내 것으로 만들었다. 말하자면 독서는 사회생활을 위한 나만의 생존 치트기였다.

삶의 여정에 따라 독서 양상은 조금씩 바뀌었지만, 변함없는 사실은 그 모든 순간 내 곁엔 책이 있었다는 사실이다. 지치고 힘들 땐 책을 읽었다. 지친 나를 보듬어주고 위로해주는 친구가 책 속에 있었다. 길을 잃고 헤맬 때도 책을 읽었다. 과감히 새로운 길을 제시하는 선구자와 인생 멘토가 책 속에 있었다.

때론 옆집 언니처럼, 때론 엄한 선생님처럼 늘 곁에서 함께하며 성장의 모멘텀을 이어갈 수 있도록 도와줬다. 그렇기에 이제 나의 독서는 목적과 장르를 구분하지 않는다. 자기계발서, 고전, 실용서까지 독서 자체가 목적이고 이유다.

사람마다 책을 읽는 방식은 다양할 텐데 나는 책을 아주 지저분하게 읽는다. 중요하거나 좋아하는 문구는 형광펜으로 표시하거나 펜으로 밑줄을 긋는다. 떠오르는 생각들은 바로바로 책 귀퉁이나 여백에 메모를 남긴다. 꼭 기억해야 할 부분이나 다시 읽고 싶은 부분은 모서리를 접어두고 별표 표시를 한다.

그렇게 한 번 정독하고 두 번째 읽을 땐 메모를 참고하며 읽는다. 신기하게도 처음 읽었을 땐 보이지 않았던 부분이 보이거나 새로운 인사이트를 얻곤 한다. 당연히 한 권을 다 읽기까지 꽤 오랜 시간이 걸리지만, 나의 독서는 남들과의 경쟁도 자랑을 위한 것도 아니기에 그저 내 속도로 천천히 꾹꾹 눌러 담으며 읽는다.

이렇듯 저자와의 깊은 대화를 나누는 듯한 '인터랙티브 리딩 (Interactive reading)'으로 사유하고 성찰하며 나만의 생각 틀이 생겨나기 시작했고 읽는 삶에서 쓰는 삶으로 진화가 시작되었다.

○ 지속 성장하는 삶의 항해사, 행복한 글쓰기

인풋의 시간에서 아웃풋의 시간으로

새벽 루틴을 처음 시작했을 땐 매일매일이 크리스마스 같았다. 크리스마스 아침 트리 아래에서 내 이름이 적힌 선물 상자를 발견하던 순간의 설렘, 놀람, 기쁨을 매일 아침 만끽했다.

이른 새벽 나홀로 명상과 커피멍 타임을 갖고, 읽고 싶던 책을 읽고, 일력 속 고전 문장을 읽으며 뜻을 헤아려보는 한 시간 남짓한 시간이 무미건조한 일상에 생명의 에너지를 불어넣었다. 내 안에 다 품을 수 없을 만큼 에너지가 차고 넘쳐 발산해야 할 필요를 느끼기까진 그리 오랜 시간이 걸리지 않았다.

먼저 머릿속을 가득 채운 생각을 덜어내기로 했다. 기록이 기억을 지배한다는 말처럼 기록하지 않으면 기억에서 사라진다. 좋은 기억도 나쁜 기억도 모두 사라진 뒤 공허와 허무만 남는다. 그러니 삶을 무너뜨리는 공허와 허무를 극복할 방법은 좋은 기억이든 나쁜 기억이든 기록하고 저장하며 삶의 의미를 찾는 것이다.

하지만 막상 글을 쓰려니 어디에서부터 어떻게 시작해야 할지 몰라 막막했다. 글쓰기를 배운 적도 없고, 일력이나 플래너에 간단히 기록하는 것과는 차원이 다른 일이라는 생각에 엄두가 나질 않았다.

그러나 한편으론 왠지 모를 자신감도 있었다. 매일 아침 읽고 생각하는 시간을 가지며 머릿속을 가득 채운 생각을 글이라는 형식으로 덜어내는 거라 생각하니 그리 어렵지 않게 느껴지기도 했다. 어쩌면 지금까지의 여정은 내 안의 오랜 열망인 글쓰기를 향하고 있었던 건지도 모른다고 생각하며 글쓰기를 실행에 옮기기로 했다.

공개적 글쓰기의 시작

처음에는 누가 볼 것도 아니고 누군가에게 보여줄 것도 아니었어서 머릿속을 가득 채운 생각들을 두서없이 풀어냈다. 어느 날은 몇 줄, 어느 날은 몇 장이 되기도 했다.

신기하게도 매일 새벽에 글을 쏟아내도 어느새 다시 새로운 생각과 문장들이 머릿속 한가득 채워졌다. 매일 밤 새벽이 어서 오길 바라며 설레는 마음으로 잠자리에 들었다.

글이 꽤 쌓이자 어느 순간 나만의 기록 공간에 글을 남기고 싶다는 생각이 들었다. 고민 끝에 기록의 공간으로 블로그를 선택했다. 하지만 누가 내 생각을 엿보는 게 두렵고 싫어서 일기조차 쓰지 않던 내가 공개적 공간에 글쓰기를 한다는 건 꽤 큰 용기가 필요했다.

그래서 블로그를 개설하고도 한참을 망설였다.

그때 마침 모닝 독서로 읽고 있던 신수정의 『일의 격』에서 공개적 공간에서의 글쓰기를 적극적으로 독려하는 구절을 읽었다. 처음에는 아무도 당신 글을 읽지 않을 테니 안심하고 과감히 아웃풋 글쓰기를 시작하라는 저자의 일침이 어찌나 힘이 되던지.

저자 역시 마흔다섯 살에 SNS에서 글쓰기를 시작해 지금은 여러 권의 베스트셀러를 쓴 작가가 되었다. 그의 말을 믿고 나도 한번 시작해보기로 했다.

글쓰기는 내게 새로운 세계를 거듭 열어줬다. 내 글에 공감해주는 이웃들이 생겨나고, 생각의 결이 같은 사람들과 온라인상에서 느슨하게 관계를 맺으며, 배움과 자극을 주고받는 경험으로 글쓰기도 나도 함께 진화하고 성장했다. 그리고 지금 이렇게 내 이름을 걸고 나올 내 책을 쓰고 있으니, 공개적 글쓰기의 아웃풋 효과는 실로 놀랍고 대단하다.

혹시 지금, 이 글을 읽는 당신이 글을 쓰고 싶다는 생각을 단 한 번이라도 했다면 공개적 글쓰기를 시작해볼 걸 적극 권한다. 글 쓰는 방법을 몰라도 괜찮다. 당장 글 쓸 소재가 없어도 괜찮다. 일단 어느 플랫폼이든 편하게 느끼는 곳에 계정을 만들고 시작하라.

잘 모를 땐 계속 나아가는 게 답이다. 걷다 보면 어느 순간 안개가 걷히고 길이 생길 것이다. 글쓰기는 당신만의 길을 찾는 아주 좋은 시작이 될 것이다.

글로 나를 정의하다

블로그를 개설하고 시작 단계부터 난이도 최상의 과제를 만났다. 블로그 명을 짓고 블로거 소개 글을 남겨야만 블로그 개설이 완료된다는 것이다.

대략 난감이다. '나는 누구인가, 어떤 삶을 살고 싶은가?'에 대한 답을 찾으며 나를 찾는 여정을 시작했지만, 아직 이렇다 할 답을 찾지 못했기 때문이다. 나다움의 정의를 내리지 못하면 블로그조차 시작하기 어렵다.

아무 이름이나 대충 정해 시작할 수도 있었다. 그러나 더 이상 회피하지 않고 답을 찾아 나다움의 정의를 명확히 내려보고 싶었다. 블로그라는 공간에선 새로운 이름을 가진 새로운 나로 새롭게 출발하고 싶다는 마음속 바람도 읽어냈다. 나를 찾는 여정은 잃어버린 나를 찾는 게 아니라, 새로운 나를 스스로 창조하며 나다움의 정의를 새롭게 만들어가는 과정이 아닐지 생각한다.

'어떤 내가 되고 싶은가?' '어떤 삶을 살고 싶은가?'라는 질문을 거듭하던 중 문득 유니세프 친선 대사로 구호 활동을 하던 오드리 헵번의 우아한 미소가 떠올랐다. 젊은 날의 그녀보다 주름진 얼굴의 그녀가 더 좋았던 건 그 꾸밈없는 얼굴에 우아하고 단단한 그녀의 삶이 오롯이 녹아있다고 생각했기 때문이다.

오드리 헵번이 데뷔할 당시 그녀보다 유명한 또 다른 '헵번'이 있었다고 한다. 오드리 헵번의 주변 사람들은 그녀에게 성을 바꾸는 게 좋을 것 같다고 제안했지만 그녀는 단호하게 거절했다. '아니요, 저는 오드리 헵번인걸요'라면서. 자기다움을 지키고 자기답게 살며 마침내 오드리 헵번이라는 세기의 장르를 만들어낸 그녀.

그래, 바로 이거다. 나다움의 진정한 모습, 나답게 살아가며 나라는 장르를 만들어내는 삶은 내면의 단단함에서 솟아나는 오드리 헵번의 우아한 미소 같은 거란 걸 깨달았다. 그렇게 내가 지향하는 삶의 모습과 바람을 담아 블로그 명을 짓고 소개 글을 작성했다. 마침내 본격적인 글쓰기 여정을 시작할 수 있었다.

'별게 다 영감'이 되는 순간들

어렵게 블로그를 개설하고도 한동안 글쓰기를 시작할 엄두를 내지 못했다. 왜 써야 할지는 알겠는데 무엇을 쓸지, 어떻게 쓸지 도통 감을 잡을 수 없었다. 2022년 새해 어느 일요일 아침, 답답한 마음에 집을 나서 서점에 들렀다.

코로나19로 인한 사회적 거리두기가 강화되고 재택근무의 기약 없는 연장으로 긴장감과 피로감이 높아지던 때였다. 막상 서점에 왔지만 글자가 눈에 들어오지 않아 글은 적고 그림과 사진은 많은 『별게 다 영감』이란 베스트셀러 책을 사 들고 후다닥 집으로 돌아왔다.

예전의 나였다면 선택하지 않았을 책이지만 지금 내겐 가벼움이 필요했다. 매일 아침 한두 장씩 읽으며 하루를 가볍게 시작했다. 그런데 읽을수록 작가의 시선이 담긴 사진 한 컷과 그 순간의 영감을 담은 짧은 글이 전혀 가볍게 느껴지지 않았다.

사소한 일상과 주변의 소소한 것들에서 얻은 영감을 놓치지 않고 기록한 작가이자 마케터 이승희의 섬세한 시선과 집요함이 일상 속 사소함과 소소함을 '별것'으로 만들고 있었다.

문득 그동안 잡생각이라 생각하며 무심코 지워버린 수많은 영감과 발견의 순간들이 떠올랐다. 어쩌면 그 모든 잡생각이 지금의 나를 만든 위대한 영감의 순간은 아니었을까?

'가장 개인적인 것이 가장 세계적인 것'이라는 마틴 스코세이지 감독의 말처럼 어쩌면 나 스스로 무시하고 스쳐 지나와버린 일상의 작은 순간들 속에 그토록 애타게 찾던 나다움이 담겨 있었을지도 모를 일이다. 비록 아직은 '별것'일지라도 나 역시 일상 속 소소한 발견과 영감을 기록하며 나만의 '별것'을 만들고 싶어졌다.

글쓰기에 대한 영감과 자신감을 얻은 뒤 주변에서 글감을 찾기 시작했다. 책상 위 일력이 눈에 띄었다. 매일 새벽 일력 속 고전 문장을 읽고 일력에 짧은 감상을 적어두곤 했다.

아하! 모먼트가 찾아왔다. 매일 생각 거리를 던져주는 고전 문장은 너무 좋은 글쓰기 소재였다. 그동안 일력의 작은 지면에 담지 못한 생각을 블로그에 써 내려가보기로 했다.

글쓰기, 나를 위한 Self A/S

글쓰기를 주저했던 시간이 무색할 만큼 새벽 글쓰기는 한순간에 나를 사로잡았다. 머릿속에서 와글와글하던 생각과 꼬리에 꼬리를 물고 이어지던 상념을 글로 쏟아내기 시작하자 생각은 명료해지고 마음은 명확해졌다. 매일 새벽 해묵은 생각과 감정을 대청소하며 글 쓰는 일에 더욱 몰입했다.

바쁜 일상을 유지하고자 글쓰기는 새벽 시간으로만 한정했지만 좋은 문장과 글감을 찾고자 온몸의 감각은 하루 종일 기민하게 움직였다. 글쓰기 클래스에 참여하고 글쓰기 기술만이 아닌 글쓰기의 본질이 무엇인지, 글로 전하고자 하는 메시지는 무엇인지에 대해서도 계속 고민했다.

매일 새벽 글쓰기로 살아가며 느끼는 여러 감정, 특히 상처받은 마음을 세심하게 살피고 다독였다. 오래되고 낡은 생각, 해묵은 감정은 과감하게 걷어냈다. 글쓰기에 치유 효과가 있다는 주장은 적어도 내겐 사실이었다.

글 쓰는 시간은 나를 발견하고 내 존엄성을 지키며 스스로를 치유하는 시간이었다. 글쓰기로 나를 다정하게 바라볼 수 있게 되었고, 그 다정함이 주변으로 확장되고 있다는 걸 느낀다. 나와 너 그리고 우리 모두에게 '다정'해지는 게 요즘 내 글쓰기의 화두이자 삶의 방향성이다.

마흔의 시간

읽는 삶에서 쓰는 삶으로

나를 찾는 여정의 첫 도착지가 '읽는 삶'이었다면, 두 번째 도착지는 '쓰는 삶'이었다. 읽고 쓰기는 단순한 즐길 거리나 목적, 효용을 따지는 일이 아니라 몰입의 대상이자 영감의 원천이고 지속 성장하는 삶의 필수 구성 요소가 되었다. 삶을 바라보는 시선, 태도, 관점의 변화는 평생을 지속한 지극히 평범하고 단순한 일조차 전혀 새롭고 다른 차원의 일로 만드는 힘이 있다.

타인의 시선이나 평가에 연연하지 않고 내 마음과 생각에 귀 기울이며 내가 좋아하고 즐기는 걸 당당하고 자유롭게 누릴 수 있는 삶을 영위한다는 건 주체적인 삶의 시작이기도 하다.

SNS에 거침없이 자신을 표현하는 게 일상이 되고 퍼스널 브랜딩이 필수인 시대라지만 진정한 나다움을 글로 표현하기란 결코 쉬운 일이 아니다.

무엇보다 나를 알아간다는 건 끊임없는 자기 성찰과 자기 쇄신의 노력이 필요한 일이기에 어느 한 줄 쉽게 쓸 수 없다. 단어 하나, 문장 한 줄에 나란 사람의 생각과 마음 그리고 삶의 깊이가 담길 수 있도록 오늘도 난 나다움의 모습을 찾아 치열하고 행복한 글쓰기를 계속한다.

나다움의 글쓰기에 대하여

최근 몇 년 사이 성격유형 검사에 광범위하게 사용되고 있는 MBTI는 분석심리학의 창시자인 카를 융의 심리유형 분류 이론에 기초한다. 그는 '인생은 무의식의 자기실현'이라고 말하며 부단한 자기 이해와 분석으로 자기실현을 이뤄야 한다고 말한다.

융의 이론에 따르면 인생 전반기는 문화를 통해 밖에서 자기(self)를 찾으려 하고 인생 후반기는 통합을 통해 타고난 자기(self)를 이해하려 한다. 그가 말한 자기(self)는 의식과 무의식의 정신세계를 지배하는 주인으로 다른 정신 체계가 충분히 발달할 때까지 나타나지 않다가 인생의 가장 결정적인 변화의 시기인 중년이 되어서야 비로소 나타난다.

융이 말한 인생 중반 이후 이뤄지는 개성화 과정 즉, 자기실현의 여정은 '나를 찾는 여정'이다. '중년의 위기'라고도 불리는 마흔 무렵의 흔들림은 인생이란 연극에서 오랜 준비 끝에 자신만의 무대에 오른 무명 배우가 겪는 긴장과 설렘, 떨림과 흥분이 아닐까 생각한다.

융은 자기실현을 향한 개인의 성장을 촉진하기 위해선 타고난 자기의 목소리에 귀 기울이고 무의식의 목소리를 경청해야 한다고 말한다. 나는 글쓰기가 바로 그런 역할을 훌륭하게 해줄 수 있는 좋은 자기 치료 방법이라 생각한다. 그래서일까? 융이 제안한 심리 치료 과정(고백-명료화-교육-변형)은 글쓰기의 과정과도 꽤 비슷하다.

1. 글쓰기는 자기 '고백'이다: 글쓰기는 일종의 자기 관찰이자 자기 고백의 기록이다. 글쓰기로 그동안 억눌러왔던 강렬한 정서를 방출하고 자신의 신념을 표출한다. 또 긍정적/부정적 행동에 대한 자신과의 대화로 의식적, 무의식적 자기 치유를 경험한다.

2. 글쓰기는 사고의 '명료화'를 촉진한다: 혼자 끙끙 앓던 고민거리를 누군가에게 털어놓는 것만으로도 생각이 명료하게 정리되는 느낌을 받은 경험이 있을 것이다. 글쓰기는 시간과 장소, 대상을 가리지 않고 생각과 감정을 명료화할 수 있는 좋은 도구다. 글쓰기로 자신은 물론 자신을 둘러싼 환경, 관계, 경험에 대해 관찰하고 사유하며 삶에 대한 통찰을 얻고 자신의 정체성 또한 명료화해 나갈 수 있다.

3. 글쓰기는 자기 '교육'의 도구다: 글쓰기는 인지 재구조화를 통한 일종의 자기교육이다. '나는 누구인가'로 시작한 글쓰기는 점차 '어떻게 살아야 할까'에 대한 나만의 해법을 찾아가는 여정이 된다. 무의식 속 원초적 자아의 해결되지 않은 욕구를 이해하고, 내가 쓰고 있는 다양한 가면(페르소나)을 이해하며, 점차 나란 사람의 다양한 측면을 이해한다. 또 자기 인식과 정화의 경험으로 인생을 살아가며 겪는 다양한 스트레스 상황 속에서 이상과 현실의 균형점을 찾는다.

4. 글쓰기는 자기실현으로 삶을 '변화'시킨다: 글쓰기로 발견한 나다움의 참모습은 나다움의 문제가 된다. 이는 다시 나답고 주체적인 삶의 모습이 되는데 이때의 나는 더 이상 어제의 내가 아니다. 나비가 되고자 몇 번의 탈피를 거듭하는 고치가 되길 선택하는 애벌레처럼 거듭되는 변화 속에 자기실현을 향한 삶의 위대한 변화가 시작된다.

7장

마흔에 잠시 멈춤,
그리고
내디딘 한 발

○ 삶의 궤적이 되는
질문을 계속하며

> 고치는 결코 도피처가 아니야. 고치는 변화가 일어나는 동안 잠시 들
> 어가 머무는 집이란다. (...) 변화가 일어나는 동안, 고치 밖에서는 아무
> 일도 없는 것처럼 보일지 모르지만, 나비는 이미 만들어지고 있는 것
> 이란다. 다만 시간이 걸릴 뿐이야!
>
>   - 트리나 폴러스, 『꽃들에게 희망을』 중에서

익숙하고 편한 애벌레의 삶을 계속 살 것인가, 나비로의 변신이라
는 꿈같은 가능성만 믿고 어둡고 갑갑한 고치 속에 나를 밀어 넣을
것인가.

선택의 갈림길에 서서 끊임없이 나와 묻고 또 답했다. '어떤 모습
의 네가 되고 싶니?' '넌 어떤 삶을 살고 싶어?' 그리고 나비의 시간
을 꿈꾸며 고치가 된 애벌레처럼 나 역시 고치 속 변화의 시간을 선
택했다.

잠시 멈춤의 시간을 선택한 지금, 겉보기엔 모든 게 멈춰 선 듯 보
이지만 어느 때보다 역동적이고 분주한 변화와 성장의 시간을 보내
고 있다. 끊임없이 나다움의 정의와 나다운 삶의 모습을 찾으며 서
서히 그리고 조금씩 나만의 색과 모양이 갖춰지고 있음을 느낀다.

애벌레는 나비가 되기 위해 네 번의 탈피를 한다. 지금 난 몇 번째

탈피를 준비 중인 걸까? 앞으로 몇 번의 탈피를 더 거치게 될까? 미래는 누구도 예측할 수 없기에 수시로 불안과 두려움이 찾아든다. 하지만 '다만 시간이 걸릴 뿐'이란 걸 알기에 곧 다가올 나비의 시간을 기다리며 용기 있게 나아가는 선택을 한다.

삶이 퍽퍽하게 느껴지고 마음의 정화가 필요할 때마다 다시 찾아보곤 하는 나의 인생 영화는 빅토르 위고 원작의 〈레미제라블〉이다. 수십 번을 봐서 거의 모든 장면과 대사를 외울 지경이지만, 그때그때 고민이 다르기 때문일까 수없이 본 장면과 대사도 매번 새롭게 다가온다. 영화 속에서 장 발장은 인생의 중요한 순간마다 스스로에게 묻는다.

'Who am I?'

그의 답은 그가 선택한 삶이 된다. 장 발장은 현재를 위해 과거의 자신을 변명하지 않는다. 미래를 위해 현재의 자신을 포기하지도 않는다. 그가 선택한 삶의 궤적이 바로 그 자신이고, '나는 누구인가'라는 질문의 답이 된다. 그처럼 나도 선택의 순간을 맞을 때마다 스스로에게 묻는다.

'Who am I?'

지금의 난 과거의 내가 선택하고 행동한 결과다. 아프지만 인정해야 하는 사실은 우연이나 운명이라 생각했던 순간조차 그것을 받아들이기로 한 나의 선택이었다는 것이다.

하지만 나 역시 장 발장처럼 과거의 선택을 겸허히 받아들이고 미래를 향해 한 걸음 내딛는 용기 있는 선택을 할 것이다. 다가올 미래가 보이지 않는다고, 변화가 두렵다고 멈춰 서거나 물러서지도 않을 것이다. 그래서 난 질문을 이렇게 바꾸겠다.

'Who am I meant to be?'

'어떤 모습의 내가 될 것인가?' '어떤 여정을 선택하며, 어떤 삶을 살 것인가'와 같은 맥락의 질문이기도 하다. 나비에게 어떤 하늘을 날 것인가는 선택의 문제가 아닐지 모른다. 하지만 언제 날아오르고, 어떤 들판을 찾아가, 어떤 꽃 위에 앉을 것인가는 온전히 나비의 선택이다.

어떤 질문을 하고 어떻게 답하느냐가 내 삶의 궤적이 된다. 내 삶의 궤적 속에 '나는 누구인가?' '어떤 내가 되길 원하는가?'라는 질문의 답이 선명하게 묻어나오길 믿으며 오늘도 묻고 또 답을 찾는 여정을 계속한다.

○　우회로를 돌고 돌아
　　　오랜 열망의 출발점으로

하루를 살아도 괜찮으니 윤석화답게 살다 윤석화답게 죽을 수 있게
도와주세요. 연극 배우 윤석화, 어느 날 갑자기 뚝딱 만들어진 거 아니
에요.

— 〈우먼센스〉, '연극 배우 윤석화 뇌종양 투병 중 첫 인터뷰,
나답게 살다 윤석화답게 죽겠다' 중에서

　우연히 뇌종양 투병 중인 연극 배우 윤석화의 인터뷰를 읽었다. 자기다움을 지키고자 병원 치료를 거부한 그녀. 자신이 어느 날 갑자기 만들어진 게 아니라는 짧은 한마디 속에서 나다움으로 나답게 살고자 분투하는 한 인간의 숭고하고 아름다운 땀과 눈물의 여정을 감히 상상할 수 있었다. 오드리 헵번에게서 봤던 우아하고 단단한 아름다움이 느껴졌다.

　그녀는 연극 배우의 삶을 살며 '아프고, 슬프고, 그래서 아름다운 인생들에게 다채로운 레슨을 받았다'라고 말한다. 수많은 무대를 통해 삶의 담대함을 키웠고, 그것이 그녀가 인생 후반전에 겪은 고통을 정면으로 마주할 수 있게 도왔다고 한다.

　그리고 당부한다. 아등바등 살지 말라고, 무엇이 되고자 애쓰지 말고 나답게 나라는 장르를 살라고.

돌아보니 인생의 달고 쓴 시간은 '나'라는 사람으로 바로 서기를 위한 인생 레슨 시간이었다. 수많은 인생 레슨을 거듭하며 계속 나아가다 보면 어느 날에는 나도 그녀처럼 담대하고 당당하게 나다움을 증명할 수 있을 것이다.

그리하여 온통 나다움으로 가득한 나라는 장르의 한 꼭지를 삶의 마지막 순간까지 가득 채울 수 있길 바란다.

> 우회도 방황도 겪지 않고 목적지에 이르는 사람은 없다. 내 안에 쉬이 떨쳐내기 힘든 욕구가 나를 '우회로'로 이끌었다. (...) 삶의 길은 굽이굽이 굴곡진 길과 우회로로 점철되어 있다.
>
> - 알베르트 키츨러, 『철학자의 걷기 수업』 중에서

'자기를 탐구하지 않는 인생은 살 가치가 없다'라는 소크라테스의 말에 깊이 매료되어 철학자를 꿈꾸지만, 철학으로는 먹고살기 힘들다는 사람들의 충고에 현실과 타협했던 알베르트 키츨러.

오디세우스가 출발점이자 목적지였던 고향 이타카로 돌아가기까지 20년이 걸렸듯, 키츨러가 '철학책을 읽는 변호사'에서 '철학을 실천하는 영화 제작자'를 거쳐 마침내 오랜 열망인 '철학자'의 삶에 이르기까지는 25년이 걸렸다.

나를 찾는 여정을 가만히 뒤돌아본다. 삶이라는 긴 여정에서 굽이굽이 굴곡진 길을 지나고 우회로를 돌고 또 돌다 보면, 내가 찾는 목

적지가 과연 있긴 한 건지 의심하고 방황하는 순간이 온다.

다른 이들의 10년, 20년 우회로는 당연하고 마땅하다고 생각하면서도 내겐 1년조차 영원처럼 길게 느껴진다. 포기를 위한 근사한 핑계는 늘 생겨나고 현실 때문에, 현실을 핑계로, 안전하고 평탄한 길이 똑똑하고 현명한 선택이라 자위하며 현실과 타협한다.

그리고 인생의 긴 우회로를 돌고 돌아 내 오랜 열망의 출발점으로 돌아오기까지 20년이 걸렸다.

'인생에서 가장 중요한 싸움은 자신의 삶을 살고, 자신의 재능을 펼치며, 자신에게 맞는 길을 찾는 것'이라고 키슬러는 말한다. 나의 지난 여정이, 수많은 우회로가 내게 딱 맞는 나만의 길을 찾기 위한 피할 수 없는 여정이었다는 걸 비로소 깨닫는다.

진짜 중요한 싸움은 내 삶의 최종 목적지를 향하는 길고 고된 여정 속에서도 내 안에 깊숙이 자리 잡은 오랜 열망을 잊지 않는 것이다. 잊지 않는다면 10년, 아니 30년이 걸려도 내가 꿈꾸던 삶, 내가 향하던 목적지에 가닿을 거라 믿는다.

굽이굽이 굴곡진 길, 우회로로 점철된 긴 여행의 끝에서 그동안 내내 나를 기다렸을 내 안의 오랜 열망, 내 삶의 진정한 의미를 발견할 거라 믿는다.

어떻게 살아야 하는가?

어떻게 하면 행복을 느낄 수 있는가?

키즐러는 인생길에서 두 가지 질문을 잊지 말라고 당부한다. 다소 진부하게 느껴지기까지 하는 이 질문들에 대한 답은 이미 내 안에 있다. 현실의 나는 여전히 내 안의 답을 끄집어내길 망설이고 인생의 또 다른 우회로를 몇 번 더 돌게 될지 모르지만, 나의 최종 목적지를 향해 조금씩 다가가고 있다는 걸 느낀다.

나의 삶을 살고, 나의 재능을 펼치며, 내게 맞는 길을 걷게 될 그 날을 향해 오늘도 내 인생의 우회로를 우직하게 걷는다.

○ 그럼에도 불구하고 'Yes'라고 답하는 것

잠시 멈춤의 시간을 가지며 가장 행복한 일 중 하나는 '언젠가'를 핑계로 쌓아두기만 했던 책들을 한 권씩 찾아 읽는 것이다. 그런데 읽을 책 리스트 상단에 있던 책들을 거의 다 읽어가는 중에도 빅터 프랭클의 『죽음의 수용소에서』는 선뜻 손이 가질 않았다.

읽을 용기를 내지 못했다는 게 정확할 것이다. 책 제목에서부터 풍겨오는 삶의 고통과 무게를 아직 감당할 수 없을 것 같았다. 그렇게 시간을 보내다 어느 날 용기를 내 책을 펼쳤다. 그리고 깨달았다, 지금 이 순간을 위해 시간이 필요했구나.

'만약 내게 시련이 없었다면 내가 지금 도달한 인간적인 성숙은 불가능했을 것이다.' 강제수용소에서의 시간을 회고하며 프랭클은 말한다. '그 모든 것에도 불구하고 삶에 대해 'Yes'라고 대답하는 것. 인간 삶에 부정적 요소를 긍정적이고 건설적인 것으로 바꿀 수 있는 창조적 능력이 우리에게 있다.'라는 프랭클의 말은 삶의 의미와 목적을 치열하게 찾던 내게 크나큰 위로와 용기를 건넸다.

『죽음의 수용소에서』의 독일어 초판 제목은 『그럼에도 불구하고 삶에 예스라고 말하십시오: 한 심리학자의 강제수용소 체험기』라고 한다. 이후 『삶의 의미를 찾아서: 로고테라피 개론』으로 바뀌었고 한국어판 제목 『죽음의 수용소에서』에 이르렀다.

세 제목 모두 나를 향해 삶이 보내는 메시지라 느꼈다. 어떤 사물이나 대상에서 마음을 울리는 깊은 감동을 받는다면, 내 안에 이미 그런 감정이 내재하고 있기 때문이라고 한다. 내 안에 없는 것에는 감동도 슬픔도 성남도 느낄 수 없기 때문이다.

그럼에도 불구하고 삶에 'Yes'를 보낼 수 있는 긍정적인 태도와 자세는 시련과 고통 속에서도 의미를 찾고 삶의 목표를 위해 살아가려는 담대한 용기 속에서 생겨나는 건 아닐지 생각한다.

그리고 지금 이 순간, 그런 삶의 태도와 자세가 내 안에 굳건히 자리 잡아 가고 있다는 걸 느낀다. 그러고 보면 인생이라는 시계는 나의 때를 정확히 아는 듯하다. 불교에서 말하는 '인연'이 바로 이런 것인지도 모르겠다.

○ **느슨하고 건강하게**
   좋아하는 일을 할 작정

20대 중반에서 40대 중반까지 내 인생의 절반에 가까운 직장 생활을 스스로 졸업하고 그동안 애쓴 나를 위해 잠시 멈춤의 시간을 선물했다. 지금의 시간을 적절하게 표현할 단어가 무엇일지 고민하다가 직장인의 삶에는 쉼표를 찍었지만 내 삶의 커리어라는 문장은 계속될 것이기에 '잠시 멈춤'이 가장 적절하겠다고 생각했다.

'잠시 멈춤'을 선택한다고 말했을 때 주변 사람들의 반응은 매우 다양했다. 공통된 첫 반응은 놀라움이었다. 워커홀릭인 나를 기억하는 이들은 의외라는 반응을 보이며 이유를 캐물었다.

누구는 내 용기가 부럽다며 순수한 응원의 말을 보냈고, 누구는 40대 중반이라는 애매한 나이를 거듭 강조하며 경력 단절을 미리 걱정해주기도 했다.

놀라움과 부러움, 걱정과 우려가 뒤섞인 그들의 말은 늘 하나의 질문으로 수렴되었는데 '이제 대체 무엇을 할 작정이냐'는 것이었다. 솔직히 나도 잘 몰랐다. 그저 쉬어야 할 때라고 생각했고, 내 마음의 소리에 귀 기울이는 게 최선이었다. 살면서 한 번쯤 그저 삶이 이끄는 대로 맡겨볼 작정이기도 했다.

그럼에도 작정을 한 게 몇 가지 있긴 했는데, 그동안 너무 열심히 살았으니 다소 느슨해질 작정이었고 몸도 마음도 건강해질 작정이었으며 무리하지 않으면서 내가 좋아하는 일을 마음껏 할 작정이었다. 한 가지 더, 다시 뭔가를 향해 달리고 싶은 마음이 찾아올 때까지 서두르지 않을 작정도 했더랬다. 적고 보니 작정한 게 없다는 말을 취소해야 할 만큼 작정한 게 꽤 많았다.

잠시 멈춤의 시간 동안 겉보기에는 다소 충동적이나 사실 오래도록 마음속에 품어온 버킷리스트를 하나둘씩 실행하는 중이다.

가장 먼저 실행한 건 지중해 크루즈 여행이었다. 언젠가 은퇴하면 가보리라 생각했지만 은퇴라는 단어가 감이 오질 않아서 막연히 60대 이후 먼 미래의 일이라 여겼다. 그런데 가만 생각해보니 난 지금 일종의 은퇴 생활 중이 아닌가? 지금 못 갈 이유가 없었다.

내친김에 직장인의 꿈이라는 한 달여의 긴 유럽 여행도 다녀왔다. 시련을 겪고 몸과 마음의 맷집이 커진 덕분인지 회복이 덜 되어서 감각이 무뎌진 탓인지 알 수 없었지만, 그냥 해보기로 했다.

디테일한 계획과 일정표 없이는 여행을 떠나지 않던 내가 출발 비행기 표와 첫 도착지의 숙소만 정해둔 채 동유럽에서 서유럽을 아우르는 길고 먼 여행을 떠났다.

동유럽에서 서유럽까지, 육로와 해로, 항로를 아우르는 복잡하고 긴 여행 일정을 무사히 버텨낸 비결은 이렇다. 첫째, 짐을 최대한 줄인다. 둘째, 매일 그날의 일정에만 집중한다. 셋째, 지나간 일정은 뒤돌아보지 않는다. 넷째, 다가올 일정을 미리 걱정하지 않는다.

그렇게 매일 오늘만 사는 사람처럼 여행했다. 노트북 없이, 이메일 체크도 없이 오롯이 내가 발 딛고 서 있는 공간에서 살아 숨 쉬고 있는 내게만 집중했다. 크고 작은 사건, 사고, 우연한 발견과 행운, 실수와 실망, 후회와 아쉬움⋯. 인생을 압축한 듯 삶의 모든 행불행이 하루에도 여러 차례 찾아들었다.

하지만 인생처럼 여행도, 그럼에도 불구하고 계속되어야 하기에 어제의 실수와 후회는 빠르게 잊었다. 선택에는 늘 후회와 아쉬움이 따르기 마련이므로 내일 걱정을 미리 앞당겨 하지 않으려 노력했다. 계획과 준비의 부족함은 우연한 발견과 행운이 보충해줬다. 플러스, 마이너스하면 결국 플러스의 행복이 조금 더 컸으니 결과적으로 이득이었다.

인생길도 여행길과 같지 않을까? 단출하게 나서서 오늘 하루치의 여행에만 집중하다 보면 결국 플러스 행복에 이르지 않을까?

○   **지금, 여기,**
     오늘을 산다는 것

시기 어린 순간은 지금도 날아가고 있으니.
바로 지금, 우리가 '지금, 이 순간을 살아라' 말하는 동안에도.
미래에는 가능한 한 적은 믿음만을 가지고 살아라.

                                    - 호라티우스, 「송가」 중에서

긴 여행의 끝자락, 런던에 도착했을 때다. 짐을 줄이고자 기념품을 거의 사지 않았기에 트렁크에는 여유가 있었다. 한결 여유로워진 마음으로 대영박물관 기프트숍을 둘러보고 있었다.

빨강, 파랑, 흰색이 주를 이루는 알록달록한 왕실 기념품들 사이에서 다소 뜬금없이 시선을 잡아끄는 건 주황색 표지에 '카르페 디엠(Carpe diem)'이라는 문구가 선명하게 찍힌 핸드북이었다. 라틴어 'Carpe diem'은 호라티우스의 유명한 시 「송가」의 한 구절로, 영어로 번역하면 'Seize the day', 즉 '지금, 여기, 오늘을 살라'는 뜻이다.

가만 생각해보니 우연인지 필연인지 여행 내내 '카르페 디엠'이라는 문구가 나를 따라다녔다. 마치 보물찾기하듯 가는 곳마다 이 문구가 툭툭 튀어나오는 바람에 찾지 못하는 날은 아쉬운 마음이 들 정도였다. 큰 목적이나 기대 없이 떠난 여행이라 생각했는데 어쩌면 '카르페 디엠'은 여행을 통해 삶이 내게 전해주려는 메시지가 아닐지 하는 생각에 이르고야 말았다.

몸은 '지금-여기'에 있지만 생각과 마음은 늘 과거와 미래 어딘가에서 길을 잃고 방황하며 헤맨 날들이 얼마나 많았나. '지금-여기'에 머물고자 명상하고, 책을 읽고, 마음 알아차림 연습을 하고…. 온갖 노력에도 생각은 자꾸 과거의 어느 순간이나 아직 오지 않은 미래의 어느 날을 찾아 탈출을 시도했다. 감정은 춤추듯 날뛰었고.

꿈꾸는 미래는 '언젠가'라는 단어 속에는 절대 존재하지 않는다. 오늘은 어제의 꿈이고 내일은 오늘의 꿈이다. 오늘 쏟은 땀과 노력이 쌓여 내일이 만들어지니 꿈은 이미 오늘 내 곁에서 진행 중이다. 과거에 살지 말고 미래를 꿈꾸지만 말고 바로 '지금', 바로 '여기'에서, '오늘'의 나로 충실히 살아야 하는 이유다.

과거를 바꾸고 싶다면 또 더 멋진 미래를 꿈꾼다면, 방법은 오직 하나다. '지금' '여기' '오늘'을 사는 것이다. 늘 우리 곁에 조용히 머물러 있는 '죽음을 기억하며(Memento mori)' '지금, 여기, 오늘을 산다(Carpe diem)'.

> 그렇게 걱정할 필요 없습니다. 살다 보면 그런 일도 있는 법이죠. 세월이 흐르면 다 잘 풀릴 겁니다. 별로 중요한 일이 아니에요.
>
> — 존 윌리엄스,『스토너』중에서

살다 보면 온갖 일을 겪는다. 의도했든 아니든 피하고 싶든 아니든, 세월이 흐르면 이래저래 단단히 꼬여있던 매듭이 스르르 풀리기도 하고 밤잠 못 이루고 애를 태우던 일도 실상 별 대단한 일이 아니었다는 걸 깨닫기도 한다. 시간의 힘이란 그런 것임을 알게 되는 나이 듦의 장점이자 연륜의 힘인지도 모른다.

실상 절망적인 상황은 실제 눈앞에 벌어진 상황이 아니라 두려움과 절박함이 빚은 내 마음속의 가상 현실인 경우가 태반이다. 포기하고 싶은 마음, 게으르고 나약한 마음이 현실을 직시하지 못하게 방해하고 긍정적인 태도와 관점을 뒤흔들어 놓는 것이다.

그러니 절망적인 상황에 직면하면 일단 한 걸음 물러서서 크게 심호흡하자. 움츠린 어깨를 펴고 허리를 꼿꼿이 세우며 눈을 크게 뜨고 눈앞의 상황을 정면으로 응시하자.

그리고 긴장한 나를 토닥이며 얘기해주자. '너무 걱정하지 마! 살다 보면 이런 일 저런 일 겪는 법이지. 처음에는 힘들어도 막상 지나고 보면 늘 별일 아니었잖아. 이번 일도 그렇게 지나갈 거야. 결국 잘 풀릴 거야. 그러니 마음을 조금 편하게 가지려 노력하면서 지금 네가 해야 할 일을 해. 그거면 충분해.'

지난 선택을 후회하며 지금 현실에 불만족하고, 아직 오지 않은 미래를 불안해하며 오늘을 모두 허비했던 예전의 나, 지금의 나, 그리고 이 책을 읽고 있는 마흔의 동지들에게 전하고 싶은 말이다.

○ 인생의 갈림길에서
한 발 내딛기까지

영국 런던의 웨스트민스터 사원 내부를 관람할 때였다. 하이라이트인 국왕의 대관식 의자로 향하던 중 잠시 숨을 고르기 위해 관광객이 뜸한 어둡고 후미진 구석 자리를 찾아 멈춰 섰다.

벽에 기대서려는데 발아래 작고 오래된 길 안내 표지판이 걸렸다. 글씨는 거의 지워져 있고 위치마저 길 안쪽 구석에 위치해 바쁘게 지나가는 관광객들은 존재도 모를 터였다.

관광 안내서에도 나오지 않는 이 길 끝에 과연 무엇이 있을지 호기심이 일었다. 하지만 '시간 낭비가 되면 어쩌지?' '혹시나 길을 잃으면 어떡하지?' 하며 망설였다.

모두가 향하는 밝고 넓은 길로 돌아가 제시간에 관람을 마칠지, 관광객은 찾지 않는 어둡고 후미진 길 안쪽을 탐색해볼지 갈림길에 서서 잠시 갈등했다.

하지만 호기심이 두려움을 이겼고 그 길의 끝에서 갈까 말까 망설였던 몇 분의 시간조차 아까울 만큼 눈부시게 아름다운 비밀의 정원을 발견했다.

인생은 갈림길 앞에서 망설였던 그때 그 선택의 순간과도 같다고 생각한다. 인생에 틀린 길은 없다, 다만 선택이 있을 뿐이다. 지금껏 안전하고 확실한 길을 선택했지만, 이제부터 나의 선택은 내 마음이 향하는 길이 될 것이다. 가지 않은 길에 대한 미련과 아쉬움을 품고 사느니 과감히 길을 가고 후회하는 편을 택하겠다.

갈까 말까 망설일 땐 가고, 할까 말까 망설일 땐 한다. 갈까 말까 망설인다는 건 가고 싶다는 뜻이고, 할까 말까 망설인다는 건 하고 싶다는 뜻이다. 가고 싶다는 건 지금 갈 수 있겠다는 뜻이고, 하고 싶다는 건 내가 그걸 할 수 있겠다는 뜻이 아닐까?

불확실하고 변화무쌍한 인생길에서 후회 없는 선택이란 없다. 모든 선택에는 기회비용이 따르기 마련이니 결국 내가 원하는 걸 선택하는 게 옳다.

비록 힘들게 선택한 길이 돌고 도는 긴 우회로라고 할지라도 포기하지 않고 끝까지 나아가는 것만이 내 선택을 가장 나은 선택으로 만드는 것이다. 그 길 끝에는 망설임의 시간이 무색할 만큼 상상 이상의 멋진 곳이 당신을 기다리고 있을지도 모른다.

변화를 꿈꾸지만, 막상 변화의 순간이 눈앞의 현실로 다가오면 멈칫하고 망설인다. 그 순간만을 간절히 바라고 꿈꿨던 시간은 까맣게 잊은 채 불안하고 두려운 미래와 편안하고 익숙한 현재의 경계선에서 마지막 한 걸음을 떼지 못하고 갈등한다. 결국 현재에 머무르는 선택을 하고 만다.

문제는 그 선택이 현재에 만족하고 행복하기 때문이 아니라 변화를 위한 시도와 결과가 두렵기 때문이라는 데 있다. 편안함과 익숙함은 이내 지긋지긋해지고 마음은 변화와 일탈을 꿈꾸는 불안정하고 불만족한 상태를 반복하며 삶의 에너지는 점차 소진된다.

하늘을 날고 싶은 새는 먼저 알을 깨고 나와야 한다. 알 속 세상은 작은 새가 날 준비를 할 때까지 안전하고 따뜻하게 품어줬던 완벽한 세상이었다. 하지만 이제 몸도 마음도 커질 대로 커진 새를 품기에 그곳은 견딜 수 없이 비좁고 답답하다.

그럼에도 익숙하고 아늑한 알 속 세상을 스스로 깨부수고 새로운 세상으로 나아갈 용기를 내지 못한다면, 더 큰 세상에서 날개를 활짝 펴고 날아볼 기회를 영영 가질 수 없으리라.

새는 날기 위해 태어났다는 걸, 힘들지만 알 속 세상을 박차고 나가야 한다는 걸 기억해야 한다.

지금 삶의 전환점에서, 변화의 경계선에서 멈칫하고 망설이고 있는가? 변화라는 강을 건너기 위해 과감히 배에 올라탔지만 차마 배를 버리지 못해 되돌아가지도 나아가지도 못하고 있는가?

여기까지 왔다면 낯선 땅 위에 한 발 내딛고 미지의 세상을 향해 단호하고 담대하게 발걸음을 옮겨야 한다. 꿈꾸는 미래에 가닿고자 낯설고 두려운 미지의 세상 속으로 과감히 나아갈 때 당신이 꿈꾸는 미래는 온전히 당신의 것이 될 것이다.

> 당신의 운명은 당신을 사랑하고 있어요. 당신이 충실하다면, 당신이 꿈꾸는 그대로 언젠가는 온전히 당신 것이 될 거예요.
>
> — 헤르만 헤세, 『데미안』 중에서

내 삶의 의미와 가치 발견

'나는 누구인가?' '어떻게 살아야 하는가?'라는 질문과 함께 시작된 나를 찾는 여정은 나다움의 정의와 나다움의 라이프 스타일을 구축하는 과정이었다. 그리고 이제 질문은 '내 삶의 의미는 무엇인가?' '나는 어떤 가치를 추구하는가?'로 바뀌었다. 질문이 바뀌자, 나를 찾는 여정은 전혀 새로운 길로 나를 이끌었다.

인간 삶의 의미에 대한 깊은 통찰을 바탕으로 삶의 궁극적인 목적은 의미를 찾는 것이라는 새로운 심리치료 기법, 로고테라피(Logotherapy, 의미치료)를 창시한 빅터 프랭클은 제2차 세계대전 당시 나치에 의해 자행된 유대인 강제수용소에서의 경험을 바탕으로 『죽음의 수용소에서』를 저술했다.

책에서 그는 '왜 살아야 하는지 아는 사람은 어떤 상황도 견딜 수 있다'라는 니체의 말을 인용하며 인간에겐 삶의 태도를 결정하고 자신의 길을 선택할 정신적 자유가 있다고 강조한다. 어떤 선택을 하느냐에 따라 강제수용소에서와 같은 극한적 고통의 경험에서조차 삶의 의미를 찾을 수 있다는 것이다.

반면 삶의 의미를 상실하는 순간, 있는 곳이 어디든 인간은 실존적 고통에 시달린다고 말한다. 프랭클의 경험과 통찰은 현대 사회에서도 여전히 유효하다. 고난의 시기를 겪어낸 뒤, 간절히 원하던 소망을 성취한 뒤, 하루를 꽉 채워 바쁘게 보낸 뒤 사람들이 겪는 공허함, 상실감, 쓸쓸함, 허무감은 바로 '의미의 상실' 때문이다.

텅 빈 마음, 끝을 알 수 없는 공허함을 채우고자 일에 더욱 몰두하거나 술과 게

임, SNS에 중독되어 현실 도피를 시도하지만, 깊이를 알 수 없는 공허감은 쉽사리 채워지지 않는다.

현재 삶의 공허와 미래에 대한 불안이 교차하며 무서운 속도로 삶을 잠식하는 상태, 이것이 번아웃의 본질적 원인이 아닐지 생각한다. '의미의 상실'로 말미암은 실존적 공허 상태에서 빠져나올 방법은 내 안의 꺼지지 않는 빛, 로고스(Logos) 즉, 내 삶의 의미를 발견하는 것이다. 프랭클이 제시한 자신 안의 로고스를 각성하고 삶의 의미를 발견할 수 있는 세 가지 가치 영역에 관한 질문에 답하며 나다움으로 나답게 빛날 내 삶의 의미와 가치를 탐색해보자.

1. 나의 '창조가치'는 무엇인가?

*뭔가를 창조하거나 어떤 일을 함으로써 삶의 의미를 찾을 수 있다. 일의 내용이나 크기와 관계없이 주어진 일에 사명감과 진심을 담아 수행함으로써 가치와 보람을 찾는다. (창조가치의 종류: 일, 육아, 교육, 예술 활동, 학문, 사업, 봉사활동 등)

육아 15년 차가 되고 나서야 나의 첫 번째 '창조가치'가 육아라는 걸 깨달았다. 지금껏 육아는 시련이고 고통일 뿐이었다. 육아의 시간과 경험은 일과 공부 같은 중요한 창조가치 실현을 방해하는 장애물이었고, 그 어떤 삶의 의미와 가치도 발견할 수 없을 거라 생각했다.

프랭클의 책을 읽고 로고테라피 공부를 시작하며 내 삶의 의미와 가치를 깊이 탐구하고 발견했다. 덕분에 육아가 내게 너무나도 중요한 창조가치이자 나를 성숙한 인간으로 성장시킨 인생 일대의 기회였다는 걸 깨달았다.

내 아이를 건강하고 바르게 키워내는 일, 스스로를 있는 그대로 사랑하고 자기 행복만이 아닌 세상과 함께 행복할 줄 아는 일, 좀 더 나은 세상을 만드는 데 조금이라도 이바지하는 사람으로 키워내는 일이 어떤 것보다 중대하고 위대한 창조가치이자 성공적으로 완수하고 싶은 사명이라는 걸 깨달았다.

창조가치는 어느 하나를 선택하면 다른 하나를 포기하고 희생해야 하는, 기회비용을 따지고 선택의 딜레마를 극복해야 하는 트레이드오프가 아니다. 삶이라는 긴 여정에서 상호 보완적 관계를 형성하며, 시너지를 일으켜 더 큰 가치를 창출할 수 있는 연대에 가깝다.

육아라는 창조가치를 실행하며 공부라는 창조가치를 발견했고, 배우고 성찰하며 얻은 삶의 깨달음과 통찰은 글쓰기라는 창조가치를 발견하는 데 이바지했다. 이러한 연속된 과정으로 지속 성장하는 삶을 실천하고, 평생을 이어갈 의미 있고 보람되며 가치 있는 나만의 업을 찾을 수 있었다.

Q. 당신의 '창조가치'는 무엇인가?

Q. '창조가치'를 실현하고자 지금 무엇을 하고 있는가?

Q. 당신의 '창조가치'는 누구에게 도움이 되는가?

Q. 당신의 '창조가치'에는 어떤 의미와 보람이 있는가?

Q. 앞으로 어떤 '창조가치'를 실현하고 싶은가?

2. 나의 '체험가치'는 무엇인가?

*어떤 일을 경험하거나 어떤 사람을 만남으로써 삶의 의미를 찾을 수 있다. 고된 하루의 끝에 문득 올려다본 저녁노을이 주는 감동과 힐링, 마음을 어루만지는 짧은 글귀, 음악이나 영화의 한 장면에서 느낀 감동처럼 자신을 우주적 존재로 자각하게 되는 순간의 경험이나 체험이다. (체험가치의 종류: 자연 체험, 예술 체험, 사랑 체험 등)

내 삶의 잊히지 않는 체험가치를 꼽으라면 다음과 같다.

독서하며 마음에 콕 드는 문장을 발견하는 순간의 희열, 가족, 친구와 대화하며 그들 삶의 의미 발견을 도와주는 순간의 감동, 요가와 명상을 하며 느끼는 해방감과 창의적 발상의 순간, 문득 고개를 들어 바라본 하늘의 멋진 노을이 가져다주는 사색의 시간, 좋아하는 음악가의 공연을 볼 때 등 나의 오감이 살아나며 내가 살아 있다는 걸 느끼게 해주고 행복과 충만감을 한가득 느끼는 순간들이다. 삶의 에너지가 떨어질 때면 그런 순간들을 떠올리거나, 비슷한 체험으로 삶의 에너지를 끌어올리기도 한다.

내게 의미 있는 체험가치를 하나 꼽자면 크로스오버 뮤직 덕질을 하며 느꼈던 타인에 대한 무한 신뢰, 무한 사랑, 그리고 그들의 성장과 발전을 진심으로 응원하고 지지하면서 얻었던 뿌듯하고 충만한 감정이다.

내가 창조가치 중 으뜸으로 꼽았던 육아 경험과도 통하는 부분이 있는데, 누군가의 성장과 발전을 돕는 행위에서 나의 존재 가치를 느끼고 삶의 의미를 발견한다는 사실을 깨달았다.

Q. 살면서 경험한 잊지 못할 '체험가치'는 무엇인가?

Q. '체험가치'로 얻는 삶의 에너지는 당신에게 어떤 의미인가?

Q. 지금 당신에게 필요한 '체험가치'는 무엇인가?

Q. '체험가치'를 경험하고자 무엇을 하고 있는가?

마흔의 시간

3. 나의 '태도가치'는 무엇인가?

*피할 수 없는 운명(시련, 고통)에 대해 어떤 태도를 취하기로 결정함으로써 삶의 의미를 찾을 수 있다. (태도가치의 종류: 내가 힘든 상황에서도 타인의 입장과 상황을 배려하는 헌신적인 태도, 시련 속에서 의미를 발견하려는 긍정적인 삶의 자세 등)

나의 태도가치를 꼽으라면 '인생이 레몬을 주면 레모네이드를 만들라' '내가 틀릴 수도 있다' '새옹지마', 세 가지다. 내게 육아의 첫 10년은 시련과 결핍이라는 삶이 던지는 레몬을 책임감, 인내심 그리고 긍정적인 삶의 태도라는 나만의 레시피로 세상 단 하나뿐인 레모네이드를 만들어가는 여정이었다.

수많은 실패와 시행착오를 거치며 나만의 레시피를 만들고 계속 업그레이드해 나가는 과정에서 비록 남들 보기에 맛있어 보이지 않더라도, 비싸고 예쁜 잔에 담아내지 못한다 해도, 남들에겐 그저 밍밍한 맛일지라도 결국 내가 마실 레모네이드이니 내 입맛에 맞는 게 가장 중요하다는 걸 깨달았다.

그다음으로 건강에 좋아야 하고, 내가 좋아하는 예쁜 잔에 담아 내가 좋아하는 의자에 앉아 내가 좋아하는 음악을 들으며 여유롭게 마실 수 있다면 더할 나위 없을 것이다. 가족과 친구들도 내가 만든 레모네이드를 좋아해 맛있게 나눠 마실 수 있다면 더더욱 좋을 것이다.

그 과정에서 내가 틀릴 수도 있다는 걸 배웠다. 유연함과 겸손함 속에서 흔들리지 않는 단단한 삶의 가치가 있어야 한다는 것 또한 배웠다. 인생에 전적으로 나쁜 시련은 없으며 '무엇을 겪었는가?'가 아니라 '어떻게 겪어냈는가?'를 생각하는 삶의 태도와 자세가 삶을 성장시키고 변화시킨다는 걸 배웠다.

엄마로서 산 지난 15년은 분명 길고 고된 시련과 결핍의 시간이었지만, 인생사 새옹지마라는 고사성어처럼 그 시간이 나를 단련, 성장시키는 배움과 성숙의 시간이었다고 생각한다. 긍정의 힘으로 내 삶의 시간을 온전히 살아낼 때 진짜 내 것이라 말할 수 있는 성숙한 삶, 지속 성장하는 삶, 나다움으로 빛나는 삶이 될 거라 믿는다.

Q. 당신 삶의 '태도가치'는 무엇인가?

Q. 당신이 선택한 '태도가치'는 당신 삶에 어떤 의미가 있는가?

Q. '태도가치'를 실현하고자 어떤 노력을 하고 있는가?

Q. 오늘 당신에게 필요한 '태도가치'는 무엇인가?

마흔이지만
아직도
갈 길이 멀다

햇살 좋은 평일 한낮, 출근 시간이 지난 도로는 한적하다. 앞지르기할 필요도, 꾸역꾸역 끼어들기할 이유도 없는 도로 위 운전자들은 관대하고 여유롭다.

20여 년의 직장 생활을 졸업하고 잠시 멈춤의 시간을 보내고 있는 지금, 삶의 시간은 이 도로처럼 적당한 여유로움과 느릿한 속도감으로 흘러가고 있다. 그럼에도 늘 전방을 예의주시하며 긴장감을 놓치지 않아야 한다는 점마저 비슷하다.

신호가 녹색에서 노랑으로 바뀐다. 무리해서 교차로를 건너지 않기로 한다. 다음 신호까지 기다림은 길어야 3~4분. 고작 그 3~4분에 목숨 걸고 달린 적도 있지만, 목적지는 그리 멀지 않고 약속 시간까진 아직 충분하다. 잦은 신호 걸림에도 짜증은커녕 주변 경관을 즐기며 여유롭게 운전을 즐길 수 있는 건 여유로운 지금 내 상황 때문만은 아니다. 애를 태우든 여유를 가지든 도로 위 상황은 내 뜻대로 움직이지 않을 테고 통제할 수도 없다. 지금 당장 위험을 감수하고 달리더라도 언젠가 한 번은 신호에 걸릴 것이다.

기다림의 시간을 짜증과 초조로 보낼지, 주변 경관을 살피며 여유롭게 보낼지는 오로지 내 선택이다. 비록 삶은 내 선택과 의지를 비웃기라도 하듯 시시때때로 예상에서 벗어나곤 하지만, 그럼에도 멈추고 기다리는 순간을 선택하는 건 내가 주도하고 이끄는 삶에 대한 의지이자 존중이다. 신호를 기다리며 라디오 방송에 잠시 귀를 기울인다. DJ가 어느 유명 피아니스트의 국내 방한 소식을 전하고 있다.

"제 인생은 언제나 크레센도로 성장해 왔습니다."

피아니스트들이 평생의 과업으로 꼽는다는 베토벤 피아노 소나타 서른두 곡 전곡 연주를 무려 60번 이상 진행한 현존 최고의 베토벤 전문가, 피아니스트 루돌프 부흐빈더는 자신의 인생을 '크레센도(Crescendo, 점점 세게)'로 묘사한다.

그는 다섯 살에 빈 음악원에 입학한 피아노 신동이었다. 하지만 능력만큼 운이 따르지 않았던 걸까? 이렇다 할 콩쿠르 수상 실적도, 음악계의 큰 주목도 받지 못한 채 젊은 시절이 지나갔다.

하지만 그는 세상의 평가와 명성에 연연하지 않고 사랑하고 존경하는 베토벤 연구에 오랜 시간 천착한다. 베토벤 전문가로 세계적인 명성을 얻은 그는 2023년, 77세의 나이에 생애 60번째로 베토벤 피아노 소나타 전곡을 연주하고자 한국을 방문했다. 방한 인터뷰에서 부흐빈더는 이렇게 덧붙인다.

> "앞으로 제가 얼마나 멀리 갈지 어디로 갈지 모르겠지만, 분명한 건 아직도 갈 길이 멀다는 거예요."

대기만성형 천재 피아니스트 부흐빈더의 삶이 증명하듯 타고난 지능, 천재적 재능, 천재일우의 기회나 행운은 성공적인 삶에 이르는 유일한 방법도 지름길도 아니다.

천재든 범재든 또는 인생의 시작점에 있든 중간 어디쯤에서 잠시 멈춰 서있든, 삶이 던지는 온갖 시련과 흔들림 속에서도 단단히 중심을 잡고 좋아하는 일을 찾아 나선다면, 그리고 지속하려는 굳은 의지와 성실한 노력이 더해진다면 점점 더 세게, 점점 더 강하게 우상향 곡선을 그리며 성장하는 인생의 크레셴도식 성장은 반드시 이뤄질 거라고 믿는다.

'크레센도로 성장하는 삶'은 지극히 평범한 우리가 비범하고 위대한 삶에 이르는 가장 확실한 방법이자 인풋 대비 아웃풋이 뛰어난 복리의 마법 같은 인생 투자법이다.

돌아보면 내 인생 역시 우회로를 돌고 돌며 수없이 많은 시행착오를 겪으면서도 내 몫의 책임과 의무를 다하고자 애쓰고 노력했다. 그 사이 나도 모르게 조금씩 한 단계씩, 크레센도로 성장했다.

삶의 도전과 시련에서 도망치지 않고 내가 선택한 길을 걸었던 모든 순간이 고스란히 내 안에 축적되고 숙성과 발효의 시간을 거치며 나만의 고유한 색과 향이 되었다. 내가 겪어낸 시련과 고통의 시간이 나만의 고유한 나이테가 되고, 수많은 인생 경험은 자랑스러운 나의 스펙이 되었다.

잠시 멈춰 선 지금의 난 나비를 꿈꾸는 고치 속 애벌레처럼, 봄맞이를 위해 새순을 준비하는 겨울나무처럼 고요하게 분주하다. 세상의 기준과 평가 잣대에 연연하지 않고, 삶이 던지는 크고 작은 행불행에 일희일비하지 않으면서, 내가 좋아하는 일을 찾고 지속하기 위한 성실하고 꾸준한 노력을 계속하는 중이다.

얼마나 멀리, 어디까지 갈지 지금으로선 알 수 없지만, 지금의 시간으로 말미암아 비범하고 위대한 '크레센도로 성장하는 삶'이 완성될 거라 믿어 의심치 않는다.

100세 시대, 100세까지 아니 그 이후의 시간까지 이어질 크레센도로 성장하는 삶을 위해 오늘도 나만의 결, 격, 사유를 높이고자 최선을 다한다. 목적지를 향해 달려가는 지금 이 순간처럼 전방을 주시하고, 신호를 지키며, 때론 양보하고, 때론 멈춰 서며 나만의 속도로 내가 선택한 삶의 길을 계속 나아가는 중이다.

어느새 신호가 바뀌고 목적지를 향해 서서히 액셀러레이터를 밟으며 '크레센도'를 나지막이 되뇐다. 이제부터 펼쳐질 나의, 우리의 크레센도로 성장하는 삶을 응원하며!

깊은 삶을 위한 마흔의 단어들

○　　　　　**담담한 삶의 태도**　　　　　○

담담(淡淡)하다

1. 차분하고 평온하다

2. 사사롭지 않고 객관적이다

3. 물의 흐름 따위가 그윽하고 평온하다

4. 아무 맛이 없이 싱겁다

5. 음식이 느끼하지 않고 산뜻하다

　젊은 여가수가 옛 노래를 부르며 말했다. "담담하게 불러 보겠습니다." 지금껏 젊음의 패기로 온 힘을 다해 노래했지만 이젠 힘을 빼고 담담하게 부를 수 있을 것 같다는 그녀.

　자신의 힘으로 어찌할 수 없는 시련과 고난의 시간을 통과하며 그녀는 살아감에 있어 때론 힘을 뺄 줄도 알아야 한다는 걸 온몸으로 배우고 있는가 보다. 한 음절 한 음절 담담하게 불러내는 그녀를 보

226

며 나 역시 담담한 마음의 박수를 보낸다.

박수근, 이중섭, 김환기 화백과 함께 한국 근현대 미술을 대표하는 2세대 서양화가 장욱진 화백의 회고전 〈가장 진지한 고백: 장욱진 회고전〉에 방문했을 때였다. 장욱진 화백은 평생 730여 점의 유화를 남겼는데 80%에 달하는 580여 점을 그의 생에 마지막 15년 동안 그렸다고 한다.

그의 화풍에서 말년으로 갈수록 깊어진 그의 성찰과 내면세계를 엿볼 수 있는데, 마치 수묵담채화처럼 붓의 터치와 색감 모두 가볍고 단순하다. 그림의 색층은 갈수록 얇아지고, 물감이 스며드는 듯한 담담한 효과로 가벼움 속 깊이를 느낄 수 있다.

그의 절정기는 패기 넘치는 젊은 시절이 아닌 담담한 필치 속 깊이가 느껴지는 말년기였다.

어떻게 살아갈 것인가에 대한 답은 젊은 여가수의 담담한 목소리, 노 화백의 담담한 필치처럼 젊음의 패기나 넘치는 힘이 아닌 담담한 삶의 태도에서 오는 게 아닐지 생각한다.

삶이란 피해 갈 수 없는 고난과 역경이라는 재료를 나라는 그릇에 담아 발효와 숙성의 시간을 거쳐 완성하는 그윽한 색과 향을 지닌 발효 음식 같은 것인지도 모른다.

시간이 지날수록 진하고 진득했던 감정은 바닥으로 가라앉고 맑고 영롱한 빛과 향이 올라온다. 그렇게 빚어지는 담담하고 성숙한 삶의 태도가 시간의 힘이고 나이 듦의 가치가 아닐지 생각한다.

세상을 보는 넓고 깊은 안목

안목(眼目)

1. 사물을 보고 분별하는 견식

2. 주된 목표

뼈아픈 실수, 참담한 실패 한 번 없이 평탄한 삶이 있을까? 아마도 없을 것이다. 누구나 살면서 한 번은 뼈아픈 실수도 하고 참담한 실패도 경험하기 마련이다.

다만 누군가의 삶은 단 한 번의 실수와 실패에도 참담하게 무너져 내려 회복 불가능한 상태가 되고, 누군가의 삶은 수십 수백 번의 실수와 실패 속에서도 다시 일어나고 더욱더 강해지는 차이가 있을 뿐이다.

그렇다면 그런 차이는 어디에서 오는가? 삶을 대하는 긍정적인 태도와 자세, 나의 한계를 아는 지혜, 내 강점과 약점을 파악해 나만의 성공 방식으로 차근차근 내일을 준비하는 치밀한 실행력, 실패에서 다시 일어나는 회복탄력성 등 꼽으려면 수없이 많다.

그 와중에도 살면 살수록 가치가 높아지고, 쉽게 얻을 수 없기에 더욱 귀하게 느끼는 능력을 하나만 꼽는다면 '안목'이다. 내가 생각하는 안목은 이렇다.

세상의 변화를 읽고 이해하는 넓고 깊은 사고의 스펙트럼, 다양한 관점을 이해하고 각자의 입장을 역지사지할 줄 아는 분별과 성찰의 눈, 실수와 실패의 경험에서 스스로를 성장시키는 기회를 찾아내는 예리한 식별력과 날카로운 판단력, 시간과 경험의 축적으로 스스로의 인생을 조망할 수 있는 통찰의 눈.

안목은 단순히 경험이 쌓인다고 또 나이가 든다고 쉽게 얻어지는 건 아니다. 실수와 실패의 경험으로 배우고, 정보를 자세히 살필 수 있는 지식과 지혜를 키우고, 삶을 긴 호흡과 시선으로 바라보려는 노력이 수반되어야 한다.

또 지나간 시간과 선택에 미련을 두지 않고, 내 선택으로 변화시킬 수 있는 오늘이라는 시간에 집중하는 선택과 집중 능력, 인생에 의미 없는 경험이란 없고 나이 듦의 가치란 그런 경험 속에서 지혜를 끌어올리며 함양하는 거라고 믿는 삶의 긍정성이 필요하다.

겉으로 드러난 화려하고 자극적인 것에 매몰되지 않고 사람과 사물의 진정한 가치를 발견하려는 부단한 노력도 필요하다.

누군가의 비범함 속에서 그가 쏟았을 부단한 노력의 시간을 보는 눈, 평범해 보이는 사람에게서도 비범함을 발견하는 눈. 그런 분별과 통찰의 눈을 갖춰가는 시도와 노력 끝에 얻어지는 넓고 깊은 안목이 마흔 이후 삶을 더욱 깊이 있게 만들 거라 믿는다.

나라는 칼날을 날카롭게 벼린다

벼리다

1. 무뎌진 연장의 날을 불에 달구고 두드려 날카롭게 만들다
2. 마음이나 의지를 가다듬고 단련하여 강하게 하다

일상에 치여 칼날을 벼리기는커녕 칼집을 어디에 뒀는지도 잊은 지 오래다. 그러다 어느 날엔가 정신이 번쩍 들어 허둥지둥 찾아보면 이 빠지고 무뎌진 칼날에 망연자실하고 만다. 그동안 뭘 하느라 이렇게 되어버린 걸까 자책하고, 되돌리기에는 너무 늦은 것 같아 절망스럽다. 그렇게 불안이 영혼을 잠식하면 일상은 더욱 무력해지고 무뎌진 칼날은 영영 되돌릴 수 없게 된다.

세계적인 전위 미술가 홍신자는 27세라는 늦은 나이에 무용에 입문해 8년 가까운 시간 동안 뼈를 깎는 듯한 고통을 참고 견디며 몸을 만들고 연습한다. 그리고 마침내 세상에 자신을 드러냈을 때 큰 주목을 받으며 일약 스타로 떠오른다.

그때의 순간을 그녀는 이렇게 회상한다. "내가 그동안 계속해서 칼을 갈아 왔음을 알 리 없는 사람들에게 나는 갑작스러운 존재였다." 그날의 무대에 오르기까지 그녀가 어떤 시간을 보냈고 얼마만큼의 노력을 기울였는지 알 리 없는 사람들에게 그녀는 혜성처럼 나타난 존재였을 것이다. 그야말로 '스타 탄생'이다.

누군가는 운이 좋았다고 말할지도 모른다. 물론 누구나 8년의 노력을 기울인다고 그녀처럼 대성공을 거둘 수 있는 건 아니다. 그러나 그녀의 성공이 8년이라는 긴 시간의 노력 때문만은 아니다. 노력의 끝에 자신이 어떤 모습일지, 그 끝에 어떤 결과가 기다리고 있을지 감히 상상도 할 수 없는 순간에도 매일매일 자신이란 칼을 벼르며 용감하게 나아간 노력의 결과다.

언제일지 알 수 없고 누구도 장담해줄 수 없지만, 언젠가 찾아올 나의 때를 위해 매일매일 '나'라는 칼을 날카롭게 벼린다. 누가 보든 안 보든, 알아주든 알아주지 않든, 결과가 보이든 여전히 뿌옇든 목표하고 원하는 그 지점을 향해 늘 준비된 상태로, 언제든 칼집에서 날카롭게 벼려진 칼날을 빼내 휘두를 수 있도록 준비하며 오늘을 보내는 게 지금 내가 할 수 있는 최선이고 해야 하는 일이다.

그러니 고단하고 뜻대로 되지 않는 삶에서, 외부의 상황과 조건에 흔들리지 않고 미래에 대한 불안과 걱정에 잠식되지 않으며 나로서 살아갈 방법은 매일 꾸준히 조금씩 목표를 향해 나의 페이스대로 나란 칼을 벼리며 나의 때를 준비하는 것이다.

세상 사람들이 깜짝 놀랄 만큼 날카롭게 벼려진 나의 칼을 멋지게 휘두를 그날을 꿈꾸며 오늘도 나는 나라는 칼날을 날카롭게 벼린다.

더큰꿈을품는, 더큰품을가진

품

1. 두 팔 벌려 안을 때의 가슴

2. 어떤 일에 드는 힘이나 수고

3. 사람 된 바탕과 타고난 성품

4. 행동이나 말씨에서 드러나는 태도나 됨됨이

마흔이란 나이에 이르러서야 깨달은 삶의 단순한 진리는 세상살이에 결코 공짜란 없다는 사실이다. 얻는 게 있으면 반드시 잃는 게 생기고, 잃은 게 있으면 반드시 얻는 게 있더라는 말이다.

삶에서 무엇을 얻고자 한다면 반드시 그에 상응하는 유무형의 대가를 치러야 한다는 사실을 안다는 건 꽤 유용한 삶의 무기가 된다. 무임승차를 바란다거나 요행을 꿈꾸며 여기 기웃, 저기 기웃하면서 소중한 시간을 낭비하지 않는다.

꿈을 이루기 위해선 성실함과 꾸준함의 힘을 믿고 한 걸음 한 걸음 계속해서 나아가는 것 외에 별다른 지름길이 없다는 것도 알았다. 또 다른 이들의 성공 뒤에 있었을 노력과 인내의 시간을 알기에 더 이상 시기와 질투로 내 마음을 괴롭히지 않게 되었다. 나이 듦의 가치란 이렇듯 더 큰 품을 가진 내가 되어가는 게 아닐까?

사람의 품이 커진다는 건 귀한 깨달음을 얻기까지 젊음이라는 다시 오지 않을 삶의 한 시절을 대가로 치렀다는 걸 아는 것이기도 하다. 그렇기에 이제부턴 삶의 한순간도 허투루 쓸 수 없다. 삶에서 불가피한 잃음과 얻음의 균형을 맞춰갈 방법을 찾고 실질적인 노력을 기울여야 한다.

방법은 넓어진 품 안에 더 큰 꿈을 품는 것이다. 이제껏 스스로 억누르고 한계 지었던 소망과 꿈을 넓어진 품 안에 펼쳐낸다. 거기서 멈추지 않고 꿈 너머 더 큰 꿈을 꾸며 나란 사람의 꿈과 품을 계속해서 확장한다. 그렇게 꿈과 품을 함께 키우다 보면 내 삶도 함께 성장하는 삶의 선순환이 만들어질 것이다.

○　　나를 향한, 너를 향한, 우리를 향한 다정함　　○

═　　　　　　　　　　　　　　　　　═

다정(多情)

═　　　　　　　　　　　　　　　　　═

정이 많고 정분이 두터움

'정성 담긴 마음, 온화한 기분, 부드러운 낯빛, 따뜻한 말투'는 내가 생각하는 다정함의 모습이다. '다정한 마음, 다정한 눈빛, 다정한 말투'는 상대는 물론 내 몸과 마음의 긴장 또한 풀어준다. 그렇게 릴렉스된 몸과 마음은 서로를 향한 열린 태도를 가능하게 하고, 진정한 마음의 교감을 나눌 수 있게 해준다.

내 삶의 '우아함'을 지켜내는 게 무엇보다 중요한 시절이 있었다. 내 마지막 자존심이기도 했다. 그러나 타인의 시선보다 내 평가와 가치가 더 중요하고 결과보다 과정이 또 단기적인 이익보다 장기적인 관계가 더 중요하다는 걸 깨달은 지금, 내 삶의 진정 중요한 가치는 '다정함'이다.

나와 너, 그리고 우리를 향한 다정함이야말로 상처받은 나와 너를 구하고, 함께 살아가는 우리의 삶을 구원하고 치유할 힘이라고 믿는다. 고려 시대 문신 이조년은 「다정가」에서 '다정이 병'이라 했다. 하지만 나는 다정함이야말로 상처 많은 관계에서 서로가 서로에게 해줄 수 있는 지상 최고의 치유이자 습관이 아닐지 생각한다.

'난 천성이 무뚝뚝해. 난 원래 말투가 거칠어.' 상대에게 상처 주는 언행을 일삼으면서 변화하려는 노력 없이 변명만 하는 사람들이 있다. 그러나 다정함은 의지의 문제다. 매일 연습하고 실천하며 몸에 배게 하면 습관이 되고 매너가 되고 제2의 천성으로 만들 수 있다.

다정함은 단순히 겉으로 보이는 친절한 행동이나 말이 아니다. 상대방을 배려하고 존중하는 진정성 있는 마음이 먼저다. 그것이 말과 행동, 표정, 눈빛으로 배어 나오는 것이다. 일상 속 순간순간의 다정함이 어려운 이유이자 진정성을 품은 다정함이 가진 힘이 큰 이유이리라. 매너 있는 태도나 말에 따뜻하고 진정성 있는 다정함 한 방울을 담을 수 있도록 끊임없이 사유하고 성찰하는 노력이 필요하다.

　　　　　　　　　　　　　　　　　　　마흔의 시간

마흔 인생의 결·격·사유를 높이다

결

성품의 바탕이나 상태

격(格)

주위 환경이나 형편에 자연스럽게 어울리는 분수나 품위

사유(思惟)

대상을 두루 생각하는 일

철학 개념, 구성, 판단, 추리 따위를 행하는 인간의 이성 작용

마흔 이후의 삶을 보다 깊이 있고 풍성하게 만들어줄 마지막 단어는 결, 격, 사유다. 성품과 바탕을 뜻하는 '결', 품위와 품격을 뜻하는 '격', 결과 격의 깊이를 더해주는 일상 속 '사유'는 별개의 것이 아닌 생각과 말과 행위를 연결하는 유기적 프로세스다.

흔히 바탕과 품격은 상당 부분 타고난 거라 생각하지만, 마흔 이후의 삶에선 스스로 경계하고 삼가는 부단한 노력으로 말미암아 우아한 성품과 고매한 인격을 발하는 어른으로 진화하는 이들이 있다.

결은 한 사람의 인생 여정이 고스란히 아로새겨진 고유한 나이테다. 어떤 해는 굵고 진하고 어떤 해는 얇고 흐리다. 그렇지만 어느 해

고 멈추지 않고 굵든 얇든 한 줄 한 줄 늘이며 성장을 지속한다.

　시간의 흐름 속에 결은 격이 된다. 부드럽고 우아하지만 단단한 결을 가진 격이 있는 사람이 되고 싶다. 아름답고 좋은 목재가 되어 꼭 필요한 곳에 알맞게 쓰이길 원한다. 오늘도 난 읽고 쓰고 배우고 사유하며 나만의 결과 격을 갖춘 나이테를 만들어간다.

참고 도서

김난도 외, 『트렌드 코리아 2023』, 미래의창, 2022.

김미경, 『김미경의 마흔 수업』, 어웨이크북스, 2023.

김상임, 『마음을 아는 자가 이긴다』, 쏭북스, 2020.

김용섭, 『프로페셔널 스튜던트』, 퍼블리온, 2021.

김익한, 『거인의 노트』, 다산북스, 2023.

김혜남, 『생각이 너무 많은 어른들을 위한 심리학』, 메이븐, 2023.

김혜남, 『만일 내가 인생을 다시 산다면』, 메이븐, 2022.

노안영, 『상담심리학의 이론과 실제』, 학지사, 2018.

라이더 캐롤, 최성옥, 『불렛저널』, 한빛비즈, 2018.

롭 무어, 김유미, 『레버리지』, 다산북스, 2023.

레몬심리, 박영란, 『기분이 태도가 되지 않게』, 갤리온, 2020.

박상미, 『관계도 연습이 필요합니다』, 웅진지식하우스, 2020.

박상미, 『박상미의 가족 상담소』, 특별한서재, 2022.

법륜, 『법륜 스님의 행복』, 나무의마음, 2016.

비욘 나티코 린데블라드, 박미경, 『내가 틀릴 수도 있습니다』, 다산초당, 2024.

빅터 프랭클, 이시형, 『죽음의 수용소에서』, 청아출판사, 2005.

베르나르 베르베르, 전미연, 『베르베르 씨, 오늘은 뭘 쓰세요?』, 열린책들, 2023.

벤저민 다우먼, 권오상·허영숙, 『코칭 어드벤처』, 예미, 2021.

송길영, 『시대예보: 핵개인의 시대』, 교보문고, 2023.

신수정, 『일의 격』, 턴어라운드, 2021.

오소희, 『엄마의 20년』, 수오서재, 2019.

이승희, 『별게 다 영감』, 북스톤, 2021.

이시형·박상미, 『내 삶의 의미는 무엇인가』, 특별한서재, 2020.

앨릭스 코브, 정지인, 『우울할 땐 뇌 과학』, 심심, 2018.

장강명, 『소설가라는 이상한 직업』, 유유히, 2023.

조나단 말레식, 송섬별, 『번아웃의 종말』, 메디치미디어, 2023.

최인아, 『내가 가진 것을 세상이 원하게 하라』, 해냄, 2023.

최재천·안희경, 『최재천의 공부』, 김영사, 2022.

캐서린 메이, 이유진, 『우리의 인생이 겨울을 지날 때』, 웅진지식하우스, 2021.

한동일, 『라틴어 수업』, 흐름출판, 2017.

홍신자, 『생의 마지막 날까지』, 다산책방, 2023.

홍자성, 안대회, 『채근담』, 민음사, 2022.

황농문, 『몰입 Think hard!』, 알에이치코리아, 2007.

헤르만 헤세, 전영애, 『데미안』, 민음사, 2000.

마흔의 시간

마흔의 시간

초판 1쇄 발행 2024년 5월 14일

지은이 | 이수진
펴낸곳 | 원앤원북스
펴낸이 | 오운영
경영총괄 | 박종명
편집 | 김형욱 최윤정 이광민 김슬기
디자인 | 윤지예 이영재
마케팅 | 문준영 이지은 박미애
디지털콘텐츠 | 안태정
등록번호 | 제2018 - 000146호(2018년 1월 23일)
주소 | 04091 서울시 마포구 토정로 222 한국출판콘텐츠센터 319호(신수동)
전화 | (02)719 - 7735   팩스 | (02)719 - 7736
이메일 | onobooks2018@naver.com   블로그 | blog.naver.com/onobooks2018

값 | 18,000원
ISBN 979-11-7043-533-4   03190